ERICH SKOPEK

SCHWIMMEN GEGEN DEN *Strom*

DIE REISE DER FREUNDE GEHT WEITER

novum pro

Dieses Buch ist auch als
e-book
erhältlich.

Bibliografische Information
der Deutschen Nationalbibliothek:

Die Deutsche Nationalbibliothek
verzeichnet diese Publikation in
der Deutschen Nationalbibliografie.
Detaillierte bibliografische Daten
sind im Internet über
http://www.d-nb.de abrufbar.

Gedruckt in der Europäischen Union
auf umweltfreundlichem, chlor- und
säurefrei gebleichtem Papier.

© 2025 novum publishing gmbh
Rathausgasse 73, A-7311 Neckenmarkt
office@novumverlag.com

ISBN 978-3-7116-0396-8
Lektorat: Isabella Busch
Umschlagfotos: Erich Skopek; Dan Bar,
Alinamd | Dreamstime.com
Umschlaggestaltung, Layout & Satz:
novum Verlag
Autorenfoto: Hans Eder

www.novumverlag.com

Druckprodukt mit finanziellem
Klimabeitrag
ClimatePartner.com/16547-2311-1001

Inhaltsverzeichnis

Prolog

Glücklich ist der Mensch, der nicht
auf den Rat der Gottlosen hört,
sich am Leben der Sünder kein Beispiel nimmt
und sich nicht mit Spöttern abgibt.
Voller Freude vollbringt er den Willen des HERRN
und denkt über sein Gesetz nach Tag und Nacht.

Er ist wie ein Baum, der am Flussufer wurzelt
und Jahr für Jahr reiche Früchte trägt. Seine Blätter
welken nicht, und alles, was er tut, gelingt ihm.
(Psalm 1:1–3)

Willst du das Ziel
erreichen,
mußt du auch
den Weg dorthin wollen.
(Unbekannt)

Vorwort

In weite Ferne gerückt erschien denen, die zu den ersten der Freunde zählten – also Birgit, Peter, Erwin und Herbert –, ihr erstes Zusammentreffen in der Mariazeller Bahn auf ihrer Fahrt in die Landeshauptstadt. Erwin und Herbert, die sich bereits seit langer Zeit kannten und sich in Mariazell unerwartet begegneten, waren dort in den Zug gestiegen, nachdem sie im ‚Jagasaftl‘, einem kleinen Kiosk, in dem man auch Kleinigkeiten essen und trinken konnte, eingekehrt waren. Peter kam gleich darauf in Mitterbach dazu und Birgit war erst kurz vor ihrem Reiseziel, der Landeshauptstadt St. Pölten, in Ober-Grafendorf zu der kleinen Gruppe gestoßen. Die drei Männer erinnerten sich an den unplanmäßigen Aufenthalt in Gösing, wo sie in einem damals geschlossenen Hotel widerrechtlich übernachteten, um Schutz vor der Kälte zu finden. Birgit brachte ihr gemeinsames Gespräch zum Thema Abtreibung in Erinnerung und wies auf die teilweise sehr impulsiv vorgebrachten Argumente hin, mit denen Peter diese mit allen bekannten Aussagen verteidigte. Und sie hätten noch weiter in ihren Erinnerungen geschwelgt, hätte nicht der Jubilar ihre Gedanken unterbrochen.

Das Geburtstagsfest

Denn die gesamten Freunde und ihre Partner waren deswegen bei einem Heurigen versammelt, weil Peter seinen sechzigsten Geburtstag feierte. Daher musste natürlich auch eine Rede gehalten werden und nach dieser dankte das Geburtstagskind allen Anwesenden, dass sie ihn so herzlich in ihren Kreis aufgenommen hatten, obwohl er es ihnen oft nicht leichtgemacht hatte. Es waren nicht die oftmals kontroversen Gedanken und Gespräche, die eine harmonische Beziehung schwierig gemacht hatten, sondern seine oft unsachlich vorgebrachten Argumente, die er mit einer Ausschließlichkeit vertrat, die manchmal jedes Feingefühl und jede Herzlichkeit vermissen ließen. Danach ergriff Herbert das Wort, um dem Jubilar für die Einladung zu danken. Über die Schwierigkeiten, die sie mit Peter gehabt hatten, verlor er kein Wort, denn mit der Zeit gab dieser seine harte Einstellung auf und wurde vernünftigen Sachargumenten zugänglich. Herbert hatte Peter zwar vor längerer Zeit sogar einmal einen ‚Advocatus diaboli' genannt, diese Äußerung war aber Schnee von gestern.

Ein Teil der zur Feier Versammelten nahm für sich in Anspruch, Jesus Christus in ihr Herz aufgenommen zu haben und im Alltag nach seinem Willen zu leben, was natürlich nicht immer einfach war. Auch dies erwähnte Herbert in seiner Ansprache. Die Freunde hatten im Laufe ihrer gemeinsamen Geschichte erlebt, dass einige von ihnen sich durch das Beispiel der anderen für den Lebensweg, den Christus als einen Weg durch eine enge Pforte beschrieb, entschieden hatten. Andere von ihnen waren wiederum skeptisch geblieben, dazu zählte unter anderem auch Peter. Das hielt die Gemeinschaft aber nicht ab, einander zu respektieren und im Alltag zu unterstützen. Dies hatte sich ganz deutlich nach Erwins Unfall gezeigt, als alle seiner Frau Renate bei der Führung der Gärtnerei geholfen hatten.

Die Freunde stammten zwar alle aus verschiedenen Milieus, dies spielte aber in der Beziehung untereinander nur eine untergeordnete Rolle. Natürlich hatte jeder Einzelne der Gruppe auch sein besonderes Umfeld und seine eigenen Interessen. Doch es gab weder einen Gruppenzwang noch gemeinsame Verhaltensregeln, die zu befolgen waren, ausgenommen Respekt, Herzlichkeit und Achtung voreinander. Natürlich waren sich diejenigen der Gruppe, die ein Leben im Gehorsam Gott gegenüber lebten, in vielem ähnlicher. Das führte zwar manchmal zu unbedeutenden Spannungen, aber vielfach auch zu interessanten Gesprächen. Da fast alle der Freunde – bis auf Isabel und Stefan – schon jenseits der Fünfzig waren, konnte man keinen von ihnen der derzeit vorherrschenden Gruppe der Erlebnisgesellschaft zuordnen. Dies ist ein Milieu, das nur auf Glück und Genuss ausgerichtet ist. Es zeigt sich geduldfeindlich und kann mit dem Motto ‚ich will alles haben und das sofort' umschrieben werden. Diesem Teil der Gesellschaft fehlt es an Solidarität, Anstrengung, Geduld und Verständnis für zeitweiligen Verzicht. So hatte es ihnen Stefan in einem Gespräch erklärt.

Die Worte des ehemaligen amerikanischen Präsidenten J.F. Kennedy: ‚*don't ask what your country can do for you, but ask, what you can do for your country*' (frag nicht, was die Gesellschaft für dich tun kann, sondern frag, was du für die Gesellschaft tun kannst), die bei solchen Menschen auf Unverständnis und taube Ohren stoßen würden, brachte Herbert als Diskussionspunkt für die zu erwartenden Gespräche ein. Denn ein Großteil der Menschen erwarte ja heute, dass der Staat für alles im Leben sorge. Von der Wiege bis zur Bahre solle sich die Gesellschaft um alle wichtigen Belange des täglichen Lebens kümmern und manche linken Träumer erwarten sogar ein staatliches und stattliches Erbe (bis zu 50.000 Euro je nach Land und Partei) für alle Bürger beim Erreichen des achtzehnten Lebensjahres. Solche Vorstellungen gehören natürlich neben vielen anderen weltfremden und unfinanzierbaren Ideen zu den ‚erstrebenswerten' Zielen unserer ‚Vollkaskogesellschaft', meinte der Redner etwas zynisch zum Schluss kommend. Denn solche Menschen wollen zwar am Leben teilhaben, aber nicht in dieses verstrickt werden, rundete Herbert seine letzte Aussage ab.

Nach den beiden Reden überreichten die Freunde Peter einen Reisegutschein, für den sie zusammengelegt hatten, und einen Globus. Während der Heurigenwirt das warme Buffet für die Gäste und den Jubilar aufbaute, gingen schon die ersten Gespräche los. Natürlich drehten sie sich in erster Linie um die gemeinsam erfahrenen Erlebnisse, im Mittelpunkt stand dabei ihre gemeinsame Fahrt nach Skandinavien. Sie sprachen über die Sehenswürdigkeiten, die herrliche Natur und die mit den anderen Reisenden geführten Gespräche, an die sie sich erinnerten. Es war nur natürlich, dass die einzelnen Freunde manchmal eine andere Sichtweise auf das gemeinsam Erlebte hatten. Während der Diskussionen brachte man auf Speiseplatten, die man auf die vorbereiteten Tische stellte, gebackenes Gemüse, verschiedene Schnitzel, Schweinsbraten und geräucherten Fisch, denn der Heurige hatte auch warme Speisen auf seiner Speisekarte. Dazu gab es Salate und diverse Beilagen. Die verschiedenen alkoholischen und alkoholfreien Getränke wurden vom Personal serviert. Abseits des gedeckten Tisches stand eine Kühlvitrine, in der sich herrliche Tortenstücke und verschiedene köstliche Cremeschnitten befanden.

Nach der Eröffnung des Buffets ging man zum gemütlichen Teil der Feier über. Langsam gingen die Geladenen zu den vorbereiteten Speisen und wählten aus den verschiedenen Köstlichkeiten. Um die zu erwartenden Gespräche nicht zu stören, hatte Peter bei der Vorbereitung seiner Feier auf Musik verzichtet. Die Gäste saßen an den verschiedenen Tischen in kleinen Gruppen zusammen und wechselten auch öfter ihre Gesprächspartner. Aber richtig in Schwung kamen die Gespräche erst, als der größte Hunger gestillt war. Über welche Themen überall gesprochen wurde, konnte man aus der Entfernung nicht heraushören. An dem Tisch, an dem Christine und Birgit samt ihren Partnern saßen, erinnerten sie sich an das Gespräch, das Birgit und Herbert auf ihrer Fahrt in die Landeshauptstadt geführt hatten. Dieses hatte sich damals, wie bereits erwähnt, um das Thema Abtreibung gedreht. Da die vier am Tisch mehr oder weniger einer Meinung waren, kam das Gespräch nicht so recht in Gang. Da erzählte Herbert, dass er sich vor einiger Zeit wieder kritisch mit der Evangelischen Kirche Deutschlands auseinandersetzen musste, was zu einer neuerlichen scharfen E-Mail an diese Kirche geführt hatte.

Denn der Rat der EKD hielt es für denkbar, Abtreibungen unter bestimmten Bedingungen künftig auch außerhalb des Strafrechts zu regeln (nachzulesen in katholisch.de, Artikel 43880). Der Rat sprach sich zwar dafür aus, dass es weiterhin bei einer ins Auge gefassten Abtreibung eine verpflichtende Beratung geben sollte, meinte aber dem heutigen Zeitgeist entsprechend dazu, dass die Verantwortung für den Schutz des ungeborenen Lebens nicht der Frau übertragen werden sollte. Sondern er hielt es für besser, wenn Staat und Gesellschaft die Verantwortung übernehmen. Was soll der Staat denn noch alles tun, warf Bernhard ein, soll er sogar die moralische und ethische Verantwortung für seine Bürger übernehmen? Haben denn die Theologen und das kirchliche Establishment keine Antworten mehr auf diese Frage? Wollen sie sich in Zukunft zwischen Wahrheit und Situationsethik entscheiden? Wozu sind sie dann überhaupt noch da? Sind sie mit ihren Aufgaben im sozialen Bereich schon dermaßen überfordert, dass sie zu gewissen Aspekten eines christlichen Lebens in der Nachfolge Jesu keine Antworten aus der Bibel mehr finden? Denn daraus schöpften die Reformatoren zu den Alltagsentscheidungen eines christlichen Lebens ihre Grundsätze. Sind denn diese Kirchen lediglich zu besseren Sozialvereinen verkommen?, fragte er zum Schluss.

Unter dem Motto: Nein, das ist kein Satirebeitrag – die Evangelische Kirche in Deutschland meint das tatsächlich alles ernst – wurde im Exxpress vom 20.12.2023 darüber berichtet, dass in der Galiläa-Kirche in Berlin ein ‚queeres Krippenspiel‘ samt Dragshow und einem feministischen Chor aufgeführt werden sollte. Und in der Krippe der gleichen Kirche wurde die Figur des Josef von einer Frauenfigur ersetzt. Den Gipfel der Dummheit erklomm jedoch eine Schule in Italien, die in einem Weihnachtslied das Wort Jesus durch das Wort Kuckuck ersetzt hatte. Diese Aktion wurde damit erklärt, dass man mit dieser Änderung auf die Eltern und Kinder, die keinen christlichen Hintergrund haben, Rücksicht nehmen wollte. Damit zeigten die Verantwortlichen aber nur, dass vorauseilender Gehorsam die Zierde der Bücklinge ist. Und ebenso wurde damit deutlich, dass die als Moral getarnte selbstgerechte Rechtschaffenheit und die Dummheit siamesische Zwillinge sind. Weiterhin ließ sich daraus auch klar erkennen, wie weit die Verblendung in unserem einst christlichen Abendland bereits fortgeschritten war.

Und du, meinte Birgit zu Herbert, hast du diese Äußerungen hinsichtlich der Abtreibung unwidersprochen gelassen? So kenne ich dich gar nicht. Nein natürlich nicht, sagte Herbert, zog das Smartphone aus der Innentasche seines Sakkos und begann vorzulesen: *Mit erbostem Herzen habe ich in der FAZ vom 19.10.2023 gelesen, dass der Evangelische Rat und die Diakonie in Erwägung ziehen, eine Abtreibung bis zur 22. Schwangerschaftswoche zu dulden. Dieser falsche Rat setzt jedoch das fünfte der zehn Gebote – du sollst nicht morden (so lautet es richtig übersetzt) – außer Kraft. Auch wenn die Worte der Reformatoren nicht das gleiche Gewicht wie das Wort Gottes haben, möchte ich doch Johannes Calvin (Kommentar zu den letzten vier Büchern Mose) zitieren: Der Fötus, der im Bauch der Mutter eingeschlossen lebt, ist bereits ein Mensch ... deshalb ist es noch scheußlicher, einen Fötus im Leib der Mutter zu töten, bevor er das Licht der Welt erblickt ...*

Mit einer solchen Haltung – ebenso wie mit der Solidarisierung mit den Klimaterroristen oder der Umsiedlung alter Menschen aus ihrem Heim ins Ungewisse zugunsten von eingewanderten Menschen (wie in Berlin geschehen) – haben sie den bösen linksgrünen Zeitgeist as-

*similiert und es bleibt nur mehr das Warten auf das Gericht Gottes
(1. Petrusbrief 4:17). Oder haben sie den bereits abgeschafft?*

MfG

Und welche Antwort hast du auf deinen Brief bekommen?, fragte Bernhard. Keine, erwiderte Herbert, anscheinend hatte es den Empfängern meiner Zeilen die Rede verschlagen. Meinst du nicht, dass deine Worte etwas zu hart waren?, brachte sich Birgit neuerlich ins Gespräch ein. Manchmal muss man mit Worten überzeichnen, um Aufmerksamkeit zu erzielen, verteidigte Herbert seine klaren Worte. Und leider predigen und handeln manche Theologen heutzutage auch wirklich so, als würde es Gott nicht mehr geben. Sie faseln dann – im Licht der Heiligen Schrift betrachtet – wirres Zeug wie in der liberalen Theologie allgemein üblich und die Einzigen, die das verstehen, sind bloß diese Theologen selbst oder vielleicht auch nicht einmal die. Möglicherweise sitzen noch ein paar vereinzelte Kirchenmitglieder mit offenem Mund in den Bänken, aber ihr Staunen verrät nur ihre Unkenntnis über ein persönliches Leben mit Christus.

So traurig sieht es manchmal heute in unseren Kirchen aus und so traurig ist auch unsere gegenwärtige gesellschaftliche Entwicklung, folgerte Birgit aus dem bisher Gesagten. Denn wenn Gott tot ist, stirbt auch der Mensch und wenn dieser keine absoluten Maßstäbe und keine absolute Wahrheit mehr kennt, dann kann jeder nach seiner Vorstellung leben, ist jedes Handeln gerechtfertigt und es fehlen allgemeingültige moralische und ethische Maßstäbe. Alles wird dann relativiert und man kann keine verbindlichen Schlüsse mehr ziehen. Die Beurteilung eines Handelns nach richtig oder falsch wird dann mehr oder weniger obsolet. Dadurch nehmen Egoismus, falsches Gutmenschentum und kriminelles Verhalten in großem Ausmaß zu. Und dies führt dann bei vielen Menschen zu der gegenwärtigen Einstellung, dass man jede Verhaltensweise, wie böse sie auch sein mag, verstehen muss. Denn es könnte ja sein, dass jemand eine schlechte Jugend gehabt hat oder traumatisiert ist. Oder welche Ausreden dann eben sonst noch herhalten müssen.

Da übernahm Bernhard wieder das Wort, nämlich zum Thema Traumatisierung. Von einem mir bekannten Psychotherapeuten aus Deutschland, der im Westen Österreichs seine Praxis hat, habe ich erfahren, dass vonseiten sozialer NGOs zeitweise seelischer Druck auf Ärzte ausgeübt wird, um Menschen, die keinen Anspruch auf Asyl haben, eine Traumatisierung zu bescheinigen. Damit wollen diese Gruppen ein Bleiberecht für diejenigen erschwindeln, deren Asylantrag abgelehnt wurde. Auf diese Weise wird unsere Gesellschaft belogen und betrogen und man meint dann, dass man einer guten Sache zum Sieg verholfen hat. Aber der Zweck heiligt nicht die Mittel und durch so ein Verhalten sind dann manche Menschen oder Vereine zu Recht sehr unglaubwürdig geworden, auch wenn sie sich dabei selbstgerecht auf die Schulter klopfen. So wurden viele der eindringenden Fremden in unser Sozialsystem als Flüchtlinge bezeichnet und als ,refugees' hochstilisiert bejubelt und frenetisch begrüßt.

Die Grünen, die selbst ernannten Gutmenschen und Kirchen erkannten in ihrer oft naiven Sicht der Dinge aber nicht, dass dabei oftmals Menschen mit archaischen Lebensformen und Denkmustern ins Land gelassen wurden: der Mann als Oberhaupt und Despot, die Frau als Untertan, der Bruder als ,Beschützer' der Schwester und selbst ernannte Sittenwächter, die über die islamische Community und eine Religion, in der Gewalt zum guten Ton gehört (s. Sure 4:34 des Korans), wachen. In diesem Abschnitt heißt es (Reclam-Ausgabe): Die Männer sind den Weibern überlegen deswegen, was Allah den einen vor den anderen gegeben hat, und weil sie von ihrem Geld auslegen. Die rechtschaffenen Frauen sind gehorsam und sorgsam in der Abwesenheit (ihrer Gatten), wie Allah für sie sorgte. Diejenigen aber, deren Widerspenstigkeit ihr fürchtet, warnt sie, verbannt sie in die Schlafgemächer und *schlagt* sie.

Diese Äußerung zur Gewalt steht aber nicht allein im Koran. In den Suren 9:5 und 9:30 geht es mit den Aufrufen zur Gewalt nämlich munter weiter: *Sind aber die heiligen Monate verflossen, so erschlagt die Götzendiener, wo ihr sie findet, und packt sie und belagert sie und lauert ihnen in jedem Hinterhalt auf. So sie jedoch bereuen und das Gebet verrichten und die Armensteuer zahlen, so laßt sie des Weges ziehen,* heißt es in Vers 5. Kaum hält man eine Steigerung noch für möglich, aber es gibt sie: *Und es sprechen die Juden, Uzair ist Allahs Sohn. Und es sprechen die Nazarener, der Messias ist Allahs Sohn. Sie führen ähnliche Reden wie die Ungläubigen von zuvor. Allah schlage sie tot! Wie sind sie verstandeslos.* Aber wie verstandeslos sind dann diejenigen in den christlichen Volkskirchen, die von einem interreligiösen Dialog faseln und so den Weg für eine falsche, antichristliche Einheitsreligion ebnen.

Wer aber keine Begeisterung für die Willkommenskultur zeigte, wurde von den Gutmenschen schnell in die rechtsradikale und faschistische Ecke gestellt. Diese linken Zeitgenossen, die sehr rasch mit der Faschismuskeule zur Hand sind, reagieren aber selbst meist sauer, wenn man den größtenteils linken Ursprung ihres Handelns und ihrer Aussagen klar und deutlich aufzeigt. Bernhard fuhr weiter fort: Mein Cousin aus Köln hat mir dazu erzählt, dass sich diese Willkommenskultur nach den Vorkommnissen 2016 in seiner Heimatstadt kurzfristig geändert hatte. Aber das war nicht nur in Köln so. Denn nach Angaben der Kölner Staatsanwaltschaft von damals, so berichtete die Presse am 28.12.2023, gab es 1182 Anzeigen in der besagten Silvesternacht, davon 497 wegen sexueller Übergriffe. Dabei waren 648 Opfer von diesen nicht tolerierbaren und kriminellen Handlungen betroffen. Von den 354 namentlich bekannten Verdächtigen stammten 278 aus Nordafrika, Syrien und dem Irak.

Nun aber gibt es neue, aktuellere Schlagzeilen: Der Antisemitismus in Deutschland hat sich verdreifacht, lautet eine davon. Aber diese Antisemiten haben weder blonde Haare noch blaue Augen, noch wissen sie in der Mehrzahl darüber Bescheid, was in der Reichspogromnacht in Nazideutschland geschah. Aber als der Staat Israel brutal überfallen, unzählige Bürger ermordet und verschleppt worden waren und der Staat Israel sich zu Recht mit harten Gegenschlägen wehrte, da wurden auf einmal ganz andere Antisemiten auf deutschen und österreichischen Straßen sichtbar. Sie demonstrierten für die Hamas und rissen Israelfahnen von den Masten öffentlicher Gebäude. Es waren die gleichen Antisemiten, die schon Jahre zuvor in Berlin und anderen deutschen Städten ungestraft ,Hamas, Hamas, Israel ins Gas' gegrölt hatten. Nur hatten diese jetzt größtenteils eine dunklere Hautfarbe und schwarze Haare. Aber wie hat unsere Gesellschaft darauf reagiert?, fragte Bernhard und gab sich auch gleich selbst die unbefriedigende Antwort: Mit Befremden und Bedauern, aber ohne Konsequenzen für die Menschen, die das Gastrecht missbraucht hatten.

Birgit untermauerte diese Ausführungen ihres Mannes mit zwei Berichten aus Österreich. Sie erzählte, dass vor Weihnachten die anrückende Feuerwehr bei der Bekämpfung eines Brandes in einer oberösterreichischen Stadt von rund fünfzig Jugendlichen bereits vor dem Asylheim erwartet wurde und diese dann die Zufahrt zum Heim behinderten. Dies war dort bereits der vierte Brandalarm in wenigen Tagen, wobei die ersten drei sich als Fehlalarm herausgestellt hatten. Die weiblichen Feuerwehrleute, die an der Brandbekämpfung tatkräftig mitgewirkt hatten, wurden von diesem Mob bei der Ausführung ihres Dienstes an der Allgemeinheit sexuell bedrängt. Wie das Feuer entstanden war, blieb natürlich laut den Medien unklar. Warum wohl bezog man dazu keine klare Stellung? Auch in Klagenfurt ereignete sich Ähnliches (5min.at). Im Asylquartier in der Siriushalle wurde bereits dreimal in der Flüchtlingsunterkunft der Druckknopfmelder betätigt und ein Feuerwehreinsatz ausgelöst. Und dreimal stellte sich heraus, dass es sich um einen falschen Brandmeldealarm gehandelt hatte. Die Feuerwehrleute wurden aber von den Asylsuchenden, die bloß herumblödelten und die Sache in keiner Weise ernst nahmen, bereits erwartet. Es wurden zwar

Strafen verhängt, aber wer soll die Unkosten für diese Fehleinsätze bezahlen, wenn nicht die Menschen, die brav ihre Steuern entrichten? Sieht so Dankbarkeit aus?

Dankbarkeit gegenüber der österreichischen Bevölkerung, die laut einer Untersuchung des Wirtschaftsforschungsinstituts Eco Austria zwischen 2015 und 2025 an die 8,8 Milliarden (!) Euro für die Migration ausgeben wird. Dabei stehen rund 21,6 Milliarden an Ausgaben rund 12,8 Milliarden an Einnahmen gegenüber. Bei diesen Kosten sind die Ausgaben für die Ukrainer im Land, die als Kriegsvertriebene gelten, noch nicht mit eingerechnet. Dazu muss aber gesagt werden, dass laut AMS nur 27 Prozent der vor dem Krieg geflüchteten Ukrainer in Österreich einer Beschäftigung nachgehen, obwohl die Qualifikation dieser Zugewanderten recht hoch ist. Das sieht in Dänemark (78 Prozent) und in Polen (65 Prozent) ganz anders aus. Dabei ist es aber kein Zufall, dass Länder wie Deutschland und Österreich, die mit den höchsten Sozialleistungen locken, die höchste Asylzuwanderung bei gleichzeitig niedrigster Beschäftigungsquote haben. Dass es in Dänemark anders aussieht, hängt wohl damit zusammen, dass die Dänen mit dem Motto ‚Fördern und Fordern' an diese Problematik herangehen. Aber dieses Problem betrifft nicht nur die vielen Fremden in Österreich und Deutschland. *Denn der Staat wird immer großzügiger zu Leuten, die nicht arbeiten wollen (Boris Palmer, Ex-Grüner und Oberbürgermeister von Tübingen, Deutschland).* Und dies, obwohl in der Sozialhilfe das Subsidiaritätsprinzip gilt, nachdem Hilfe nur dann gewährt wird, wenn die bedürftige Person sich nicht selber helfen kann, wenn Hilfe von dritter Seite (z. B. Familie) nicht möglich ist oder nicht rechtzeitig geleistet werden kann. Aber auch im Neuen Testament (2. Thessalonicherbrief 3:10) heißt es ganz klar, dass derjenige, der nicht arbeiten will, auch nicht essen soll.

Auch an den anderen Tischen wurde heftig diskutiert, auch wenn es wahrscheinlich um andere Themen ging. Kaum einer

merkte dabei, wie schnell die Zeit verging. Einige der Gäste hol-
ten sich ihre warmen Jacken und Mäntel aus ihren Autos, denn
zu vorgerückter Stunde war die Temperatur im Raum merklich
abgesunken. Und ans Heimgehen dachte noch niemand, denn
viel zu schön war die gemeinsame Zeit. Zwischenzeitlich hatte Peter sein Geschenk geöffnet und dankte allen herzlich dafür. Er fragte, ob jemand einen Beitrag für das Fest vorbereitet
hatte, denn die Zeit bis zum Aufbruch dauerte seiner Meinung
nach sicher nicht mehr lange. Herbert, sagte er, du hast doch in
deiner Jugend Gedichte geschrieben, gib doch ein paar davon
zum Besten. Ja, ich hab sogar einige auf meinem Smartphone
gespeichert, erwiderte dieser, aber diese jugendlichen Werke
spiegeln nicht mehr mein Weltbild wider. Sie wurden alle in der
Zeit geschrieben, als ich noch auf der Suche nach dem Sinn im
Leben war, den ich jetzt in Jesus Christus gefunden habe. Das
macht nichts, warfen einige der Freunde ein, wir werden dann
dein Leben und dich noch besser verstehen können. Als sie ihn
nun weiter bedrängten, zog Herbert sein Smartphone aus seinem Sakko und begann zu lesen. Vorher hatte sich die ganze
Gruppe im Halbkreis um ihn geschart.

man möchte …

man möchte am liebsten diesen ast dort,
den man nicht sieht, vom baum reißen,
ihn vom leben trennen, aber irgendetwas
hält dich zurück, ihn herauszureißen

diesen ast dort, den du fühlst, und du gehst
weiter

wenn staub

vögel kreischen am firmament,
schwarze fahnen wehen im wind,
es ist kalt, wenn staub zu staub wird

maler ohne farben, dichter ohne worte
schreiben nicht mehr, es ist kalt,
wenn staub zu staub wird

aschenberge fallen in sich zusammen
das feuer verlischt langsam,
ohne gebrannt zu haben, es ist kalt,
wenn staub zu staub wird

vögel kreisen am firmament,
schwarze fahnen wehen im wind,
vögel singen: es ist kalt,
wenn staub zu staub wird

Peter hatte sich getäuscht, als er meinte, die Gäste würden bald nach dem Vortrag der Gedichte den Heurigen verlassen. Denn die Gespräche flammten erneut auf, nur dass es jetzt an den Tischen nur noch ein Thema gab: Was hatte Herbert sich gedacht, als er diese Gedichte schrieb, das war die große Frage und was wollte er damit ausdrücken? Wilde Mutmaßungen wurden angestellt, viel in die Zeilen hineininterpretiert, bis der Autor aufstand und das Wort ergriff: Was ich mir dabei gedacht habe und was ich damit ausdrücken wollte, weiß ich heute nicht mehr genau, sagte er. Aber ich spüre jetzt in diesen Zeilen eine große Einsamkeit, die mich dazu brachte, mich auf die Suche nach der Wahrheit zu begeben.

Hast du denn keine Gedichte, die du nach der Änderung in deinem Leben geschrieben hast?, fragten die Freunde wie im Chor.

Ja es gibt welche, die ich nach meiner Rückkehr aus Indien geschrieben habe, sagte Herbert. Ich gebe euch auch davon zwei zum Besten:

abendgebet

oh mein gott,
manchmal bewege ich mich wirklich am abgrund,
wenn mein gewissen mich verdammt
und ich meinen augen dinge zeige,
die sie nicht sehen sollten,
wenn ich mir wünsche erfülle,
die dir nicht gefallen.

oh, mein gott,
meine unruhe, meine angst, meine sorgen,
angst vor dem ungewissen,
dem morgen, dem übermorgen
und dabei den augenblick, den heutigen tag,
das jetzt vergesse
oh gott, du scheinst mir so weit weg
oh, verlasse mich nicht, herr jesus
ich brauche deine liebe, bitte

unruhig, abendstille

unruhig, nur ein paar gedanken in mir
der mond scheint auf
menschenleere asphaltstraßen
nur hie und da stört der lärm
lästiger autos die stille

platanen, ruhig und alt,
symbol des bewährten,
rosen, kurz vor der blüte,
um bald wieder zu sterben, für einen winter lang
abendstille, nur ein paar gedanken in mir
oh gott, wie wunderbar hast du mich erschaffen

Nach diesen schweren Gedanken saßen die Freunde noch bis weit nach Mitternacht zusammen und Herbert musste viele Fragen beantworten. Nur bruchstückhaft konnte er die Empfindungen seiner Jugendzeit einfangen und sie mit den anderen teilen. Wäre die Nacht nicht immer kälter geworden, so hätten sie noch viel länger versucht, das Geheimnis einer suchenden Seele und einer, die gefunden hat, zu ergründen.

Mariazell

Vierzehn Tage später waren Isabel und Stefan bei Christine und Herbert in Mariazell zu Besuch. Sie fuhren mit der ‚Himmelstreppe‘, der Mariazeller Bahn, zu ihrem Ziel, denn auch die beiden wollten einmal die Strecke kennenlernen, auf der die Gemeinschaft der Freunde entstanden war. Als sie aus dem Zug ausstiegen, sahen sie rund zehn mit weißen Tüchern gedeckte Stehtische und einen großen Tisch mit Kaffeekannen und anderen Getränken sowie eine größere Anzahl von Tassen und Gläsern. Isabel, die meinte, dass dies zum Service gehörte, wurde schnell von Stefan mit den Worten *ganz sicher nicht* auf den Boden der Realität zurückgeholt. Christine, die die beiden vom Bahnhof abholte, während Herbert zu Hause den Tisch deckte und die Getränke vorbereitete, erkannte den Bürgermeister an einem der Stehtische. Wie sie später erfuhr, wurde von der Stadtgemeinde Mariazell eine Delegation des Bahnbetreibers NÖVOG empfangen. In ihrem Haus angekommen, begrüßten die Gäste Herbert, während Christine den faschierten Braten, auch Hackbraten genannt, aus dem Ofen holte. Dieser war mit Käse und Gemüse verfeinert worden. Als Beilage gab es ein großes Knoblauchbaguette. Gegessen wurde auf der Terrasse, von wo aus man schon einen Vorgeschmack auf die Landschaft rund um Mariazell bekam. Von der Gondel aus, die sie später auf die Bürgeralm brachte, konnte man weit in die Landschaft mit ihren Bergen, Wäldern und saftig grünen Wiesen sehen. Besonders Isabel war von dem wunderschönen Panorama angetan. Von der Bergstation aus unternahmen sie eine längere Wanderung auf den markierten Wegen durch die weitläufigen und saftigen Wiesen. Von der Aussichtswarte aus konnten sie dann später die die Landschaft umgebenden Berge noch deutlicher betrachten.

Danach fuhren die vier mit einem kleinen Zug um einen künstlich angelegten See, der im Winter das Wasser für die Beschneiung der

Skipisten liefert. Einige Sportler nutzten den See zum Boot- oder Wasserskifahren. Nach der Zugfahrt kehrten alle in den Garten eines Gasthauses ein, um in der frischen und lauwarmen Luft Kaffee und Kuchen zu genießen. Danach fuhren Isabel, Christine und Herbert mit der Gondel zurück in die Stadt. Stefan hatte es sich nicht nehmen lassen, zu Fuß ins Tal zu wandern und war daher schon geraume Zeit vorher aufgebrochen. Die Übrigen mussten aber nicht allzu lange auf ihn warten. Die beiden Frauen nutzten inzwischen die zwanzig Minuten, die sie auf den Wanderer warten mussten, um die schönen Kleider in den Auslagen einiger Modegeschäfte zu betrachten. Da Herbert dies extrem langweilig fand, setzte er sich auf eine Bank und wartete lesend.

Nachdem Stefan an der Talstation angekommen war, ging es wieder zurück zum Haus von Christine. Nach einem ausgiebigen Abendessen saßen die vier noch eine Weile bei einem Glas Wein zusammen, vielleicht waren es auch mehrere Gläser geworden. Isabel und Stefan begannen aus ihrem Leben zu erzählen. Isabel berichtete aus ihrer Schulzeit, Stefan, wie er zum Glauben an Christus gefunden hatte. Beide meinten, dass sie noch viele Fragen zum christlichen Leben im Alltag hätten, aber Herbert versicherte ihnen, dass sie sicher auch die Antworten finden würden, wenn sie sich nur ernsthaft darum bemühten, und sicherte ihnen seine Hilfe zu. Herbert kannst du uns irgendwelche Kurse oder Programme empfehlen, damit wir im Glauben wachsen können?, fragte Isabel. Da antwortete der Gefragte: Natürlich gibt es solche Kurse, auch im Internet. Aber Wachstum im christlichen Leben geschieht nicht in erster Linie durch gewisse Programme oder Kurse, sondern in der Gemeinschaft mit Gott im Gebet, dem Lesen im Wort Gottes und in der Gemeinschaft mit anderen Christen.

Daher muss man es eher tragisch nennen, was in den meisten Kirchen passiert. Da gibt es am Sonntagvormittag zwei Gruppen, die an einem traditionellen Gottesdienst teilnehmen. Eine davon sind die Gottesdienstbesucher, deren Anteil eher passiv ist. Mitsingen oder standardisierte Gebete mitsprechen dürfen diese, den Hauptteil jedoch bestreitet der Pfarrer oder Pastor, vielleicht noch ein Chorleiter. Der Pfarrer bestimmt den ganzen Ablauf, den die erste Gruppe passiv konsumiert. Schließlich ist der Pastor der Fachmann, er hat ja studiert und kennt sich aus, das ist die gängige Meinung. Aber es ist falsch zu meinen, christliche Gemeinschaft besteht aus dem Zuhören eines Vortrags. Und meistens ist es ja so, dass die Zuhörer sich am nächsten Sonntag gar nicht mehr an die Predigt vom letzten Gottesdienst erinnern können. Und der Rest des Zusammentreffens läuft jeden Sonntag nach einem genauen Schema, Liturgie genannt, ab.

Der Unterschied zwischen einem solchen Gottesdienst und einem Fußballspiel besteht darin, dass man bei Letzterem nicht schon vorher weiß, wie es ausgeht, hatte Herbert schon mehrmals in Gesprächen erläutert. Wenn ich mich recht an den 1. Korintherbrief des Apostel Paulus erinnere, so meinte er weiter, heißt es dort (Kap. 14, Vers 26): Wenn ihr zusammenkommt, soll jeder etwas beitragen: Einer ein geistliches Lied, ein anderer eine Lehre, der dritte eine Offenbarung. Alles soll so geschehen, dass es die anderen aufbaut. Hier hat der Apostel eine ganze andere Sicht eines Gottesdienstes beschrieben. Es geht dabei um Gemeinschaft, zu der jeder etwas beitragen kann und soll. Manche gehen schon länger ihren Weg mit Christus und haben daher mehr Erfahrung. Manche haben vielleicht in der Woche vorher eine besondere Gebetserfahrung erlebt und wollen darüber berichten. Jeder lernt von jedem und so entsteht lebendige Gemeinschaft. Auch ihr beide sollt euch in eurem Hauskreis einbringen und wenn es einmal vorkommt, dass euer Beitrag nicht ganz der biblischen Wahrheit entspricht, so gibt es dort sicher erfahrene Mitchristen, die euch korrigieren können. So entsteht lebendiges, geistliches Leben. Dies gab Herbert den beiden Freunden Isabel und Stefan auf ihren christlichen Weg mit.

Hinsichtlich der Veränderungen, die die frühe christliche Gemeinschaft in den ersten Jahrhunderten durchlief, hatte Herbert in der Frankfurter Rundschau vom 17.01.2024 gelesen, dass es in der Region Spello, einer italienischen Gemeinde, die rund 2,5 Autostunden von Rom entfernt liegt, es zu einer bedeutenden Ausgrabung gekommen ist. Dort stießen die Forscher auf die Überreste eines Tempels, die unter einem Parkplatz verborgen waren. Die dort ausgegrabenen Mauern sind die Fragmente eines römischen Tempels aus der Zeit Kaiser Konstantins. Dieser Fund belegt laut Aussage des Forschers Douglas Boin, eines Historikers der Saint Louis University, dass der Kaiserkult Konstantins parallel zu den frühchristlichen religiösen Praktiken und Stätten existiert hat. Er zeigt die Verbindungen zwischen der klassischen heidnischen Welt und der frühchristlichen römischen Praxis, die oft vermischt auftraten und aus den historischen Erzählungen, die die damalige Gesellschaft und das Leben der geschichtlichen Periode erklären sollen, entfernt worden waren.

In diesen zeigt sich deutlich, inwieweit das ursprüngliche Christentum des ersten Jahrhunderts bereits von römischen und griechischen Denkmustern, also heidnischem Denken und Praktiken, infiltriert worden war und nicht mehr der ursprünglichen Lehre Jesu und der Apostel entsprach. Dies lässt unsere bisherige Vorstellung von Konstantin in einem anderen, einem neuen Licht erscheinen. Dieser erließ zwar nach der Schlacht an der Milvischen Brücke 312 in Mailand ein Edikt, das den Christen die Privilegien einer tolerierten Religion gewährte, gleichzeitig ist aber belegt, dass der Kaiser in der Tagespolitik ein sehr lockeres, vor allem pragmatisches Verhältnis zu den heidnischen Göttern pflegte. Es gibt auch Historiker, die die Ansicht vertreten, dass nicht klar erwiesen ist, dass das himmlische Zeichen, das Konstantin vor der Schlacht erschienen ist, das Kreuz war, sondern er die Erscheinung eher als eine Botschaft des *Sol invictus*, des siegreichen Sonnengottes, gesehen haben könnte.

Aber wie auch immer, Legenden halten sich nun einmal hartnäckig und warum der Kaiser sich erst auf dem Totenbett taufen ließ, ist auch unklar. Wahrscheinlich hielt er die Taufe für eine

Art Eintrittsschein in das christliche Jenseits. In diese Kerbe schlug auch der gegenwärtige Papst Franziskus, indem er vor Tausenden Firmlingen der Diözese Bari die Meinung (Vatican News) vertrat, dass das Datum der Taufe jedes Jahr wie ein zweiter Geburtstag mit Kuchen und Torte gefeiert werden sollte. Damit verkündete er nichts Neues, auch wenn diese falsche Interpretation einer biblischen Lehre ein wichtiger Punkt der römisch-katholischen Anschauung ist. Nur leider ist diese falsch, denn das Neue Testament lehrt ganz klar und deutlich, dass, wenn jemand nicht von Neuem geboren wird, er das Reich Gottes nicht sehen kann (Johannesevangelium Kap. 3: Vers 3ff). Und unter dieser Neugeburt versteht man nicht die Wassertaufe, in welcher Weise sie auch immer praktiziert wird, sondern eine völlige Veränderung des Wesens eines Menschen, indem der Hl. Geist in das Herz eines Glaubenden einzieht und ihm eine völlig neue Ausrichtung seines Lebens schenkt. Diese Gemeinschaft mit dem lebendigen Gott ist dann eine Gemeinschaft, die nicht von äußeren Dingen wie Sakramenten oder Zugehörigkeit zur Kirche abhängig ist, sondern in der sich Christus auf den Thron unseres Herzens setzen und unser Leben führen will.

Nachdem sie sich noch eine Weile weiter unterhalten hatten, gingen Isabel und Stefan ins Obergeschoss, wo sie übernachteten. Beim Frühstück am nächsten Tag erzählte der Polizist ein wenig aus seinem Berufsalltag. Diese Berichte waren natürlich allgemein gehalten, denn Stefan musste streng auf seine Verschwiegenheitspflicht und den Datenschutz achten. Vor allem bei Herbert war das Interesse an seinen Erzählungen geweckt worden. Aber auch das nur so lange, bis Stefan auf sein Lieblingsthema zu sprechen kam: die Einteilung der Menschen in fünf Milieugruppen. Konkret nannte er dabei das Niveau-, das Integrations- und Harmoniemilieu sowie das Selbstverwirklichungs- und Unterhaltungsmilieu. Dazu erläuterte er die Grundzüge des Alltagslebens der einzelnen Gruppen sowie ihre ästhetischen und sozialen Vorlieben. Vielleicht war das für einen Polizisten im Berufsalltag wichtig, aber Herbert konnte mit dieser Einteilung der Menschen in verschiedene Gruppen nichts anfangen. Möglicherweise hatten diese Zuordnungen zuweilen ihre Berechtigung, vielleicht waren sie auch für einen Handelsvertreter oder für eine Schulung von Bankangestellten hilfreich, aber Herbert wusste nicht, was ihm dieses Wissen im praktischen Leben nützen sollte.

Daher versuchte er, das Gespräch langsam in andere Bahnen zu lenken. Anfangs gelang ihm das auch, doch plötzlich richtete der Polizist an Christine und Herbert die Frage, in welchem Milieu sie sich wohl wiederfinden würden. Herbert war sich sicher, dass Christine mit ihren Vorlieben und ihrer Lebensgestaltung in das Harmoniemilieu passte, sagte aber nichts. Schlussendlich hatte sie sich aber selbst richtig eingeschätzt und teilte dies auch Stefan mit. Herbert sah den Freund und Helfer lange an und sagte dann: Ich habe lange hin und her überlegt und bin zu dem Schluss gekommen, dass ich ein Mensch bin, der in kein Schema passt. Da überlegte auch Stefan lange und meinte dazu, dass ihm diese Antwort noch nie untergekommen war, und ließ die Sache auf sich beruhen. Nach dem Mittagessen lud Christine alle zu einer Führung in das Mariazeller Heimathaus ein. Dieses Haus wurde ursprünglich im 17. Jahrhundert als Bürgerspital erbaut. Der Bau wurde von der Kirche und der Gemeinde finanziert und als Spital, Armen- und Siechenhaus und zur Versorgung der Ärmsten, die sich nicht mehr selbst helfen konnten, genutzt.

Als Mitte des 20. Jahrhunderts ein modernes Seniorenheim errichtet worden war, wurde das alte Haus zu einem Heimatmuseum umgestaltet. Auf fünf Geschosse verteilt zeigt das Museum in zahlreichen Schauräumen die vielfältige Geschichte von Mariazell. Die Ausstellungsstücke sind nach verschiedenen Sachgebieten gegliedert und zeigen neben den religiösen und kirchlichen Aspekten Exponate alten Brauchtums und Handwerks, der Alm- und Holzwirtschaft sowie Ausstellungsstücke des ehemaligen Eisengusswerkes bei Mariazell. Daher heißt der Ort, in dem sich diese Fabrik befand, heute auch Gusswerk. Daneben sind auch Exponate, die den Bau und die Elektrifizierung der Mariazeller Bahn dokumentieren, im Heimatmuseum ausgestellt. Vor allem Isabel, die mit der Geschichte Österreichs noch nicht so vertraut war, hatte viele Fragen an die Museumsführerin, die ihr mit viel Geduld und Einsatz die Geschichte eines Teils ihrer neuen Heimat näherbrachte. Danach machten sich die vier auf den Weg zur Basilika.

Als Isabel die Menschen sah, die mit zur Schau gestellter Ehrfurcht und flüsternd den Bau betraten, wurde sie an die gemeinsame Skandinavienreise erinnert, auf der Herbert bei der Besichtigung einer Kirche in Schweden deutlich gemacht hatte, dass ein sogenanntes Gotteshaus bloß ein Gebäude ist, das von Menschen als Versammlungsraum errichtet worden ist. Um diese Aussage zu erhärten, hatte er damals den Märtyrer Stephanus zitiert, der klar und deutlich seine Meinung kundgetan hatte, dass Gott nicht in einem Haus wohnt, das von Menschen erbaut wurde, sondern im Himmel. Und als der König Salomo seinen Tempel für Gott fertiggestellt hatte, den schon sein Vater David erbauen wollte, und zur Eröffnung schritt, da meinte er noch an Gott gerichtet: *Ich aber, ich habe dir ein fürstliches Haus gebaut, und eine Stätte, wo du thronen sollst für die Ewigkeit.* Im Laufe der Feier kam der König jedoch zu der Erkenntnis (2. Chronik 6:2 und 18): *Ja, sollte Gott wirklich bei dem Menschen auf der Erde wohnen? Siehe der Himmel und der Himmel der Himmel können dich nicht fassen, wie viel weniger dieses Haus, das ich gebaut habe.* Die Vorstellung, dass Gott in einem Haus oder Tempel wohnt, stammt nämlich aus dem Heidentum. Aber die Gemeinde Jesu selbst wird in den Schriften des Neuen Testamentes als ein geistliches Haus, das aus lebendigen Steinen erbaut ist (1. Petrusbrief 2:5), bezeichnet. Als sie in das Kirchengebäude traten und Isabel die Rosenkranzgebete hörte, die im Inneren der Basilika gebetsmühlenartig heruntergeleiert wurden, da fand sie diese abstoßend und als Gebete unangebracht. Wieder zurück in Christines Haus, tranken die vier Kaffee und aßen köstliche

Mehlspeisen, die sie zuvor in einer Konditorei gekauft hatten. Danach fuhren Isabel und Stefan, nachdem sie sich herzlich von Christine und Herbert verabschiedet hatten, wieder mit der ‚Himmelstreppe' zurück nach St. Pölten.

Opfestrudel Teil 1

Am nächsten Tag, es war Samstagvormittag, fuhren Isabel und Stefan mit dem Bus zum Café Opfestrudel. Dort wählten sie aus einer sehr umfangreichen Speisekarte ihr Frühstück, das auch bald gebracht wurde. Kurz bevor sie die Köstlichkeiten verzehrt hatten, bestellte Stefan für beide noch ein Glas Sekt. Als sie gerade trinken wollten, wurden sie von einer Frau gefragt, ob sie sich zu ihnen an den Tisch setzen dürfe. Denn das Lokal war zwischenzeitlich voll geworden und es gab kaum noch freie Plätze. Isabel erwiderte höflich, dass sie sich freuen würden, wenn sie bei ihnen Platz nehmen würde. Ob das auch im Sinne von Stefan war, blieb offen. Langsam begannen sie ein Gespräch. Die Dame, die sich als Frau Langmeier vorstellte, erzählte, dass sie öfter in diesem Café verkehre, da hier auch regelmäßig Lesungen abgehalten würden. Da Isabel wusste, dass auch Herbert dort zeitweise aus seinen Romanen las, fragte sie Frau Langmeier, ob sie diesen kenne. Die Frau bejahte dies und meinte, dass dies doch der Autor sei, der öfter in seinen Romanen vom christlichen Glauben schreibt. Dass er dabei eigentlich kaum die Kirchen erwähnt und über sie spricht, fände sie eher wohltuend, denn sie hätte mit diesen nicht wirklich gute Erfahrungen gemacht.

Das war für Isabel, die schon öfter mit Herbert an solchen Gesprächen mitgewirkt hatte, der Startschuss, aus ihrem eigenen Leben zu erzählen. Sie holte weit aus und begann mit ihrer Jugendzeit im Internat, erzählte dann von ihrer Scheidung und danach, wie sie die Wahrheit über Gott erkannt und Jesus in ihr Herz aufgenommen hatte. Sie erzählte auch von den Veränderungen in ihrem Leben, die sie nach dieser Entscheidung erfuhr. Sie berichtete von Gebetserhörungen, von ihrem Hauskreis und der Gemeinschaft dort. Hie und da meinte Stefan, dass auch er etwas zu dem Gespräch beitragen sollte. Ihm war es wichtig geworden, Isabels Redefluss etwas zu bremsen, damit auch Frau

Langmeier zu Wort kommen konnte. Die Fragen, die diese auf dem Herzen hatte, beantworteten dann beide ausführlich. Als eine kurze Pause eintrat, tranken Isabel und Stefan von ihrem Sekt. Ihre Gesprächspartnerin, die das Frühstück, das schon vor längerer Zeit serviert worden war, bisher nicht angerührt hatte, begann nun eifrig zu essen. So sehr war sie an dem Gedankenaustausch interessiert gewesen, dass sie ihren Hunger kaum gespürt hatte. Stefan und seine Frau verabschiedeten sich bald danach von ihr und wünschten ihr einen guten Tag. Isabel und Frau Langmeier tauschten noch ihre Telefonnummern aus und Isabel lud sie ein, sie doch einmal zu Hause zu besuchen. Wäre Herbert bei diesem Gedankenaustausch dabei gewesen, er hätte seine helle Freude daran gehabt.

Renate und Erwin

Ein paar Tage später rief Erwin bei Herbert an und fragte ihn, ob er Zeit für ein Gespräch hätte. Er würde sich gerne persönlich mit ihm unterhalten und daher vereinbarten sie ein Treffen in Krems. Er solle doch auch Christine mitbringen, meinte Erwin, dann könnte Renate mit ihr einen Museumsbesuch oder einen Stadtbummel unternehmen. Zu Mittag wäre dann ein gemeinsames Essen sicherlich eine gute Idee, fügte er hinzu. Herbert fragte, ob es nicht besser wäre, wenn sie das Gespräch zu viert führten, und nach einigem Überlegen stimmte Erwin zu. Vielleicht hielt es der Gärtner zuerst für unangebracht, Christine, die ihren Lebensweg noch ohne Jesus als ihren Herrn ging, bei dem Gespräch, bei dem es offensichtlich um geistliche Probleme ging, dabeizuhaben. Herbert war da aber ganz anderer Meinung und hätte es natürlich gern gesehen, wenn sich auch Christine für ein Leben in der Gemeinschaft mit Gott entschieden hätte. So wäre es möglich gewesen, gemeinsam zu beten und die oft endlosen Gespräche, die nicht immer harmonisch endeten, hätten sich erübrigt.

Die vier trafen sich in der Landesgalerie Niederösterreich in Krems/D. am Museumsplatz. In dieser waren zu diesem Zeitpunkt Kunstwerke von Herwig Zens und Angela Glajcar ausgestellt. Der dritte Teil der Ausstellung war Kunstschätzen des Barock des späten 18. Jahrhunderts bis hin zu Kunstwerken der Gegenwart gewidmet. Die beiden Frauen und die zwei Männer setzten sich vorerst in das Restaurant des Museums und beratschlagten, wie sie weiter vorgehen sollten. Denn Herbert merkte, dass Erwin endlich sein Problem loswerden wollte. Da es noch rund eineinhalb Stunden dauerte, bis man das Mittagessen bestellen konnte, begannen sie sofort mit dem Gespräch. Zu dieser Zeit war das Restaurant noch nicht gut besucht und so setzten sie sich gemeinsam in den hintersten Winkel des Lokals. Kaum

hatten sie Platz genommen, brachte Erwin auch schon sein Anliegen vor. Denn in dem Hauskreis, den Renate und er besuchten,
waren in letzter Zeit immer öfter israelkritische Stimmen laut
geworden. Ja, so griff auch seine Frau in das Gespräch ein und
meinte, dass es immer nur um die armen Palästinenser und die
bösen Israelis ginge. Die Meinung dieser wahrscheinlich linken
Kritiker spiegelten sicherlich die schrecklichen Bilder wider, die
in vielen Medien gezeigt wurden, meinte Herbert erläuternd,
nachdem er den beiden vorher genau zugehört hatte.

Zwischenzeitlich hatte er sich bereits Gedanken gemacht, was
er ihnen antworten wollte. Er empfahl ihnen, zuerst mit den
Verantwortlichen des Hauskreises zu sprechen, um zu hören,
was ihre Meinung dazu war. Dann könnten sie ja bei einem neuerlichen gemeinsamen Treffen mit ihm über die Angelegenheit
reden. Denn ohne diesen Kritikern recht zu geben, so meinte
er, täten sie gut daran, keinen Zwist oder Unruhe in der Gemeinschaft aufkommen zu lassen. Weiterhin war Herbert der
Meinung, dass auch er sich schon viele Gedanken zu diesem
Thema gemacht hatte und er ihnen diese weitergeben möchte. Dass die Bilder von den Menschen in Palästina schrecklich
und mitleiderregend sind, steht natürlich außer Zeifel, begann
er seine Ausführungen. Aber ich bin der Meinung, dass die
Medien in dieser Angelegenheit sehr einseitig berichten. Denn
noch schrecklicher sei es, wie die Israelis überfallen, vergewaltigt, getötet und verschleppt worden waren. Diese Wahrheit
darf natürlich in keiner Weise vernachlässigt werden, betonte
er nachdrücklich. Aber noch weit schrecklicher sei es, dass laut
Medienberichten Mitglieder des palästinensischen Hilfswerks
der UNO in diese fürchterlichen Verbrechen verwickelt waren,
fuhr Herbert in seiner Betrachtung fort.

Und ebenso schlimm ist es, dass die Hilfsgelder, die unter anderem von den europäischen Staaten und den USA aufgebracht
worden waren, von der Hamas in den Städten zur Untertunne-
lung von Spitälern und anderen öffentlichen Gebäuden miss-

braucht worden waren. Aber auch, dass die Hilfszahlungen für die Errichtung von militärischer Infrastruktur und den Kauf von Waffen zweckentfremdet wurden, wirft ein schiefes Licht auf diese Organisation, meinte er weiter. Es war zwischenzeitlich nämlich klargeworden, dass die Hamas nicht nur die Gebäude unterminiert hatte, sondern auch die UNO, die in den letzten Jahrzehnten immer sehr israelkritisch bzw. israelfeindlich agiert hatte. Dies hing natürlich auch mit der Zusammensetzung verschiedener Institutionen zusammen. Aber warum sich gerade Südafrika als Verteidiger Palästinas und somit der Hamas und als Feind Israels in Szene setzte, sei ihm völlig unklar. Abschließend meinte Peter noch dazu, dass die Zeitschrift ‚Der Spiegel‘ erst neulich (10.02.2024) davon berichtet hatte, dass die israelische Armee und der Inlandsgeheimdienst Schin Bet unter dem UNRWA-Gebäude im Gazastreifen einen 700 Meter langen und 18 Meter tiefen Tunnel der Hamas entdeckt hatten. Wir wussten nichts davon, meinte die UNO-Hilfsorganisation dazu in einem Statement. Aber für wie blöd wollte diese Organisation die Öffentlichkeit mit dieser Aussage verkaufen? Entweder war diese Meinung eine Lüge oder diese Organisation hatte bei den Bauarbeiten einfach weggeschaut, meinte Bernhard erbost dazu.

Da warf Renate ein, ob denn nicht eine Zweistaatenlösung das Problem lösen könnte. Dazu zitierte Herbert den Journalisten Christian Ortner, der in einem Artikel (Presse vom 25.01.2024) geschrieben hatte, dass diese Lösung nicht funktionieren würde, so wünschenswert sie auch wäre. Denn diese Regelung wäre zwar von der UNO 1946 beschlossen worden, aber seit damals hätte sich wiederholt gezeigt, dass große Teile der palästinensischen Bevölkerung so eine Regelung gar nicht wollten, sondern das Modell ‚From the river to the sea‘, also die Auslöschung Israels und der Juden bevorzugten. Ghazi Hamad, Mitglied des Politbüros der Hamas, erklärte gleich nach den Anschlägen des 7. Oktober 2023: Israel hat keinen Platz in unserem Land und wies darauf hin, dass die Angriffe weitergehen würden, bis Israel verschwunden sei. Im Jahr 2006, ein Jahr nach dem Rückzug der Israelis aus dem Gazastreifen, erhielt die Hamas bei den bislang letzten freien Parlamentswahlen in diesem Gebiet die Mehrheit der Wählerstimmen. Seit 2007 beherrscht nun dieses Terror-Regime Gaza, sehr zum Leidwesen Israels und der eigenen Bevölkerung im Gazastreifen. Mit Hilfe des Iran, den der ehemalige Präsident Bush richtigerweise zur Achse des Bösen zählte, rüstete die Hamas militärisch auf, indem sie von diesen Unruhestiftern hochmoderne Waffen erhielt, schloss Herbert seine Ausführungen ab.

Im November 2023 – also einen Monat nach dem fürchterlichen Massaker –-, führte Bernhard nun weiter aus, befürwortete die Mehrheit der Menschen im Gazastreifen und im Westjordanland den Terror der Hamas mit 1200 Toten im Süden Israels. Wie da eine Zweistaatenlösung möglich sein solle, die unter anderem die Amerikaner in ihrer manchmal sehr realitätsfernen Art erst wieder neuerlich ins Spiel gebracht hatten, könne er nicht verstehen. Leider gibt es Antisemitismus sowohl aus der rechten als auch aus der linken Ecke, wobei sich die rechtsextreme Szene mit ihren Äußerungen bisher stark zurückgehalten hatte, während sich die Linken mit ihrem Israel- und Amerikabashing voll in Szene gesetzt hatten, ergänzte er. Dass sie dabei von der muslimischen Community, bei der Antisemitismus zum Alltag gehört, tatkräftig unterstützt wurden, versteht sich von selbst.

Denn die teilweise gewalttätigen Demonstrationen mussten mehrmals von der Polizei aufgelöst werden, was nicht für, sondern gegen diese linken Randalierer spricht. Denn wenn Linke die Demokratie beseitigen wollen, bleiben sie in den Medien oft unbehelligt, geht die Gefahr aber von rechts aus, dann droht plötzlich das Ende unseres demokratischen Systems. Aber dass das Recht vom Volk und nicht von der Straße ausgeht, dürfte dabei auch den verblendeten Mitläufern nicht klar gewesen sein. Denn das Demonstrieren hat sich nicht nur in Deutschland und Österreich zum Volkssport Nummer eins entwickelt. Auch die Gallionsfigur der Friday for (no) Future-Bewegung,

Greta Thunberg, brachte in einem Interview bei einer solchen Demonstration nicht nur Sympathie für die Palästinenser zum Ausdruck, sondern richtete auch scharfe Worte gegen Israel und zeigte damit wieder einmal mehr ihr wahres Gesicht.

Nach diesen Ausführungen war es für die Freunde an der Zeit, ihr Mittagessen zu bestellen. Nachdem beim Essen die gewohnte Stille eingekehrt war, widmeten die Freunde die nächsten beiden Stunden dem Besuch von zwei Ausstellungen, die in der Landesgalerie gezeigt wurden. Eine davon war den Kunstschätzen vom Barock bis zur Gegenwart gewidmet, die andere Ausstellung zeigte Kunstwerke von Herwig Zens, der von 1943 bis 2019 gelebt und unter anderem als Professor an der Akademie der Bildenden Künste in Wien gewirkt hatte. Mit dieser Ausstellung ehrte man den 80. Geburtstag des verstorbenen Künstlers und zeigte einen großen Querschnitt seines umfangreichen Schaffens. Unter anderem war dort die längste Druckgrafik der Welt, sein radiertes Tagebuch, ausgestellt, das in der Galerie eine Länge von elf Metern erreichte. Als Herbert dieses Exponat betrachtete, stimmte es ihn wohl wegen der vielen Eindrücke leicht unruhig. Weitere Objekte in seinem Schaffen hatte der Künstler den Themen Tod, Musik und griechischer Mythologie gewidmet. Um einen inneren Abstand zu den Bildern zu gewinnen, fuhren die vier in das letzte Stockwerk der Galerie und hatten von der dortigen Plattform aus einen wunderbaren Blick auf die Donau und die umliegende Landschaft. Leider konnten sie nicht allzu lange dortbleiben, denn das Wetter zeigte sich nicht von seiner besten Seite.

Zum Abschluss ihres Treffens bestaunten sie einen Teil der reichen Kunstsammlung des Landes Niederösterreich mit Bildern aus der Epoche des Barock bis zur Gegenwart. Das Besondere dieser Schau lag darin, dass zwischen den gemalten Kunstschätzen, die Werke von Martin Johann Schmidt bis Arnulf Rainer zeigten, auch literarische Texte den Betrachter erfreuten. Einige wunderbare Bilder von Egon Schiele und Maria Lassnig ergänzten die breitgefächerte Ausstellung. Die meisten anderen Künstler waren den vieren allerdings nicht bekannt. Ein Spruch, der zwischen zwei Bildern zu sehen war, gefiel Herbert besonders. Diesen schrieb er sich in sein Notizbuch, das ihn beim Besuch von Ausstellungen immer begleitete:

Wir wären elend – wenn nicht aus
Kleinigkeiten unsere Glückseligkeit
zusammengesetzt wäre,
die im einzelnen doch fähig sind,
uns ganz zu beschäftigen.
(Caroline von Schelling, 1763–1809)

Ein gar nicht so lustiger Abend

Es war an einem Freitagabend. Endlich hatten Christine und Herbert Zeit, eine Vorstellung in der Bühne im Hof zu zweit zu genießen. Keine bunte Schar, die sie oft bei Theaterbesuchen und anderen Vorstellungen begleitete, umgab die beiden. Es war wirklich einmal ein Genuss, den Abend für sich alleine zu haben. Sie waren rechtzeitig gekommen, denn heute gab es freie Platzwahl. Da musste man schon früh dran sein, um einen Platz zu finden, der einen guten Blick auf die Bühne bot. Nachdem sie ihre Sitzplätze mit Christines Halstuch gekennzeichnet hatten, erfuhren sie von ihren Nachbarn, dass heute aber nur mit rund hundert Gästen zu rechnen war. Deshalb hatte man zwischen den Sitzreihen Tische aufgestellt, einerseits, damit man sich die Getränke zur Vorstellung mitnehmen konnte, andererseits damit die leeren Plätze nicht so auffielen. Vor dem Auftritt der Künstler aßen die beiden im Gastraum wieder ihre obligatorischen Würstel. Diesmal jeder ein Paar Frankfurter mit Gebäck, denn die Sacherwürstel, die sie normalerweise zu zweit aßen, fand man nicht mehr auf der Speisekarte.

Rechtzeitig nahmen sie ihre Plätze ein und bald danach betraten die Künstler, unter ihnen ein ehemaliger ‚Kommissar‘, der in der Fernsehserie ‚Soko Donau‘ eine Hauptrolle gespielt hatte, die Bühne. Nach und nach stellten sich die Darsteller einzeln vor. Auch wenn sich das Wort Kabarett im Programmheft fand, wurde es bald klar, dass es sich bei der heutigen Vorstellung um ein ernstes Thema handelte. Spielerisch wollte man die tragischen Ereignisse des Jahres 1934 darstellen, in dem es zum Ausbruch von Feindseligkeiten zwischen zwei verfeindeten politischen Gruppen gekommen war. Diese tragische Situation führte letztendlich zu sinnloser Gewalt und leider auch zu Toten. Ein Jahr davor war es zur Selbstausschaltung des damaligen österreichischen Parlaments gekommen, die zur Vorsitzlosigkeit des österreichischen Nationalrates geführt hatte. Diese Krise nutzte Engelbert Dollfuß, einen autoritären Ständestaat ins Leben zu rufen. Eingebettet in das Aufschaukeln des Hasses, der mit viel Feingefühl und politischer Sachkenntnis den Zuschauern nähergebracht wurde, bot man den Zuhörern Texte der damals so wichtigen Kleinkunstbühnen. Damals mit dabei waren unter anderem Cissy Kraner und Hugo Wiener. Auch wenn die damaligen Texte als Kabarett gedacht waren, so kam an diesem Abend trotzdem keine Heiterkeit im Publikum auf. Aber auch schon damals vor neunzig Jahren hatte die ernsthafte politische Sachlage auf den Bühnen zwar zu einer gewissen Form der Kritik und des Zynismus geführt, die Zuschauer aber kaum zum Lachen gebracht.

Denn man spürte in diesen Texten, die teilweise wortgetreu wiedergegeben wurden, eine permanente Angst, die die Menschen in dieser Zeit beseelte. Und ich kann mir vorstellen, dachte sich Herbert während der exzellenten Darbietung, dass die literarischen Ventile in dieser Zeit nicht ausgereicht haben, um gehörig Dampf abzulassen. Denn dieser explodierte damals dann in den Straßen. Durch die Sprache, die den Hass aufgeschaukelt hatte, gingen beide politischen Gruppen mit Gewalt aufeinander los. Schon damals wurde sichtbar, wie Sprache missbraucht und wie eine Waffe verwendet werden kann. Ebenso konnte man begreifen, wie die Massen durch Worte beeinflusst werden konnten und sich dabei in eine bestimmte Richtung drängen ließen. Begleitet wurden die Darbietungen der fast hundert Jahre alten Kabaretteinlagen von den Ausführungen eines Historikers und des künstlerischen Leiters der Bühne im Hof, der als Moderator durch den Abend führte. Gerade der Wechsel zwischen den literarischen Kunstwerken und den historischen Erläuterungen schuf eine Spannung, die Herbert schon länger nicht mehr gespürt hatte.

Auch Christine war von den Texten des Historikers beeindruckt, denn sie hatte, wie sie nach der Vorstellung sagte, in der Schule kaum etwas aus dieser Zeit im Geschichtsunterricht erfahren. Denn man verschwieg gerne das schreckliche Geschehen aus dieser Zeit, so wie man die Ereignisse des Zweiten Weltkrieges kurz danach vor der nächsten Generation für sich behielt, da die Menschen nicht mehr an diese bewegte Zeit erinnert werden wollten. Herbert hatte diese Einstellung in seiner Jugend oftmals mit harten Worten kritisiert, denn er hatte durch seinen Geschichtsprofessor, der sehr genau und mit einem mahnenden Zeigefinger über diese schrecklichen Zeiten im Unterricht berichtete, eine ziemlich genaue Vorstellung von diesen schlimmen Ereignissen der damaligen Zeit. Aber mit zunehmendem Alter dachte er über die Haltung der damaligen Zeitgenossen viel milder. Durch diesen Professor, an den er an diesem Abend denken musste, war in ihm eine große Sehnsucht geweckt worden, die jüngere Geschichte seines Heimatlandes zu verstehen und somit beurteilen zu können. Dieses Verlangen ist ihm bis heute erhalten geblieben.

Nach dem Ende der Vorstellung war es eine geraume Zeit still. Niemand klatschte und wollte eine Verlängerung. Erst als sich die Darsteller mehrmals verneigt und sich von den Zuschauern verabschiedet hatten und sowohl der Historiker als auch der Moderator abschließende Beiträge hatten einfließen lassen, gab es lauten und anhaltenden Applaus für diese Collage verschiedener Ideen. Nach der Vorstellung stand der künstlerische Leiter für Fragen zur Verfügung. Herbert nutzte diese Zeit, um nachzufragen, ob es einen literarischen Text zu dieser Vorstellung zu kaufen gäbe. Dies verneinte der Moderator, sagte ihm aber zu, ihm ein Manuskript per E-Mail zukommen zu lassen. Herbert nutzte dieses Gespräch aber auch, dem künstlerischen Leiter zuzusichern, ihm seine bisher vier erschienenen Romane zuzusenden. Abschließend bat er ihn noch, diese kritisch zu beurteilen. Man könne ja nie wissen.

Opfestrudel Teil 2

Kurz vor dem Faschingsdienstag war im Kulturcafé Opfestrudel eine Lesung mit dem Schwerpunkt Fasching angesagt. Dazu
hatte auch Herbert eine kurze Geschichte mit lustigem Inhalt
vorbereitet. Alle seine Freunde, außer Stefan, der wieder einmal
Dienst hatte, waren zu der Lesung gekommen. Ein großer Tisch
war schon zwei Wochen vorher reserviert worden und bevor die
Lesung begann, bestellten sich alle Gäste ein Getränk und eine
kleine Mahlzeit. Die meisten hatten sich für einen Toast, den es
dort in verschiedenen Variationen gab, entschieden. Denn alle
Besucher, die sich im Kaffeehaus äußerst zahlreich eingefunden
hatten, wurden ersucht, noch vor der Lesung zu bestellen, um
diese später nicht zu stören. Es dauerte einige Zeit, bis das allgemeine Gemurmel verstummte und der Verantwortliche für
den Ablauf des gesamten Abends die Gäste und die Besitzerin
des Lokals begrüßen konnte. Den ersten Teil der Lesung bestritt
ein Autor, der rund zwanzig Minuten Zeit hatte, mit seinen
Kurzgeschichten die Zuhörer zu erfreuen. Gleich danach kamen
mehrere Schriftsteller zum Zug, die jeweils nur fünf Minuten
Zeit hatten, um ihre Kurzgeschichte zu präsentieren. Herbert
kam gleich nach dem Hauptvortragenden dran und begann mit
seiner Geschichte:

*Die acht Mitarbeiter des Großraumbüros der Friedrich Baumgartner
Ges.m.b.H., die wir bereits aus dem Roman ‚Fortsetzung folgt – nicht‘
kennen, saßen nach der Arbeit bei einem Mostheurigen beisammen
und besprachen, wie sie sich für den Faschingsumzug verkleiden wollten. Denn es war die Idee ihres Chefs gewesen, dass die Mitarbeiter
der einzelnen Abteilungen der Firma daran teilnehmen sollten. Jeder
einzelne Bereich der bekannten Schraubenfirma sollte gemeinsam ein
Märchen darstellen. Langsam kam das Gespräch in Gang und es dauerte ein paar gespritzte Most und einige Achtel Wein, der dort auch
ausgeschenkt wurde, bis man zum Thema vordrang. Erst nachdem sie*

fast ihr Abendessen verzehrt hatten, beriet man die einzelnen Vorschläge. Die sechs Frauen und zwei Männer kamen aber bald richtig in Fahrt und man entschied sich, das Märchen Schneewittchen und die sieben Zwerge darzustellen.

Alle wollten ein Zwerg sein und nicht das Schneewittchen. Schließlich einigte man sich darauf, dass einer der beiden Männer, nämlich der größere von beiden, das Schneewittchen spielen sollte. Dies musste natürlich begossen werden und das Gespräch wurde immer lustiger. Beim Umzug war es üblich, dass die Darsteller den Namen ihres Treibens auf einem Transparent, das vorangetragen wurde, ankündigten. Da fragte einer der beiden Männer, nicht der Schneewittchendarsteller, ob sie bei den Zwergen nicht gendern und die Zwerginnen miteinbeziehen müssten. Nach lautem Gelächter warf eine der Frauen ein, ob denn Zwerge nicht geschlechtslose Wesen seien und ob man sie daher nicht unter ‚diverses Geschlecht' führen sollte. Eine andere Frau meinte dazu, ob man das Wort Zwerg überhaupt noch verwenden dürfe und ob es nicht richtigerweise Kleinwüchsige heißen müsste oder Hobbit, wie im Roman Herr der Ringe von J.R. Tolkien. Aber das wäre dann natürlich wieder kulturelle Aneignung gewesen.

So blödelten sie noch eine Weile herum und bald war der Tag des Umzugs da. Die Zwergenkostüme hatte man sich bei einem Kostümverleih ausgeliehen, Schneewittchen trug ein altes Brautkleid, das dem Darsteller etwas zu kurz war, und den offenen Sarg für die Hauptfigur stellte das Beerdigungsinstitut der Marktgemeinde zur Verfügung. Dieser wurde in einen Leiterwagen gestellt, den die Zwerge ziehen mussten. Schneewittchen lag in dem offenen Sarg mit einem Apfel in der Hand und fühlte sich überhaupt nicht wohl. Skeptisch betrachtete es die Zuschauer, die links und rechts die Straße säumten. Und je näher sie zum Hauptplatz kamen, desto unruhiger begann Schneewittchen zu werden und wurde ihrer Rolle kaum mehr gerecht. Hie und da kramte der verkleidete Mann im Sarg herum, so als ob er etwas suchen würde. Dann drehte er sich zur Seite, um sich kurz danach wieder aufzurichten. So ging das die ganze Zeit, bis der Faschingszug an seinem Ziel vor dem Rathaus ankam.

Zwischenzeitlich hatte sich Schneewittchen total verändert. Ganz ruhig lag es im offenen Sarg mit dem Apfel in der Hand. Das Gesicht war kreidebleich und es sah erbärmlich aus. Erstaunt betrachteten die Zuschauer die Veränderung und fragten sich, was zwischenzeitlich mit Schneewittchen passiert war. War ihm schlecht geworden, war es total verkrampft oder hatte es endlich in seine Rolle gefunden? Irgendetwas musste passiert sein. Denn ganz ruhig und weiß im Gesicht lag Schneewittchen da und gab keinen Laut von sich. Nur die Zwerge mit ihren Laternen schienen fröhlich zu sein. Der Controller im Brautkleid hielt immer noch den Apfel krampfhaft in seiner rechten Hand. Aber, aber, was sah man da in seiner linken Hand? Eine leere Glasflasche und auf dem Etikett stand: Kluftingers echter Marillenbrand, 40 %. Damit war das Geheimnis gelüftet.

Nach dem üblichen Gruppenbild der Vortragenden – denn die Lesung wurde wie immer reichlich fotografisch dokumentiert – bestellten sich einige Gäste, die teilweise maskiert waren, noch einige Drinks, schließlich konnte man auch vom bloßen Zuhören durstig werden. Denn wie üblich gab es nach den Darbietungen wieder interessante Gespräche. Auch die Freunde waren in tiefsinnige Diskussionen verwickelt. Einige der Gäste bezahlten schnell und verließen die Veranstaltung frühzeitig. Da die Kellnerin, die immer sehr freundlich war und mit Scherzen nicht geizte, die Bestellungen der Stammgäste meist vollständig auswendig kannte, ging das Bezahlen immer schnell vonstatten. Zu vorgerückter Stunde wollte das gemütliche Lokal endlich schließen. Deshalb gingen auch die diskutierenden Gruppen nach einiger Zeit auseinander. Alles in allem war es wie immer ein gelungener Abend.

Erwin und Herbert

Nach dem Gespräch mit Christine und Herbert hatten sich Renate und Erwin wie besprochen mit den Verantwortlichen des Hauskreises, den auch Birgit und Bernhard besuchten, in Verbindung gesetzt. Bei einem persönlichen Zusammentreffen im Haus eines der beiden Leiter erklärte Erwin ausführlich und detailliert den beiden Verantwortlichen die Situation, so wie sie von Renate und ihm wahrgenommen worden war. Einer der anwesenden Hauskreisleiter meinte dazu, dass auch er diese überaus kritischen Stimmen bereits gehört hatte und von einigen Personen aus dem Kreis diesbezüglich schon kontaktiert worden war. Herr Günter Weinstabl, so hieß der Leiter des Hauskreises, in dem Renate und Erwin ihre geistliche Heimat gefunden hatten, fügte hinzu, dass er in der Zwischenzeit bereits mit diesen wenigen Kritikern Kontakt aufgenommen hatte und es in nächster Zeit ein klärendes Gespräch mit ihnen geben werde. In dieser Aussprache bezog sich Erwin auch auf Herberts Worte, die dieser zu dem schwierigen Thema Israel und Palästina im Kaffeehaus der Galerie des Landes Niederösterreich vorgebracht hatte.

Günter, inzwischen war man auch schon beim Du angelangt, ergänzte seine vorherige Aussage: Wenn man das Alte Testament liest und seine geschichtlichen Tatsachen ernst nimmt, dann geht klar hervor, dass Israel das auserwählte Volk Gottes ist und eine Sonderstellung im Heilsplan Gottes, der mit Jesus Christus und seiner Gemeinde zur Vollendung gelangt ist, einnimmt. Diese Wahrheit zieht sich durch das ganze Alte Testament und ansatzweise auch durch die Evangelien und die Briefe der Apostel. Und dies zeigt sich ganz deutlich darin, dass unsere abendländische Kultur auf den Fundamenten des Juden- und Christentums, das die Antike abgelöst hatte, ruht. Bereits durch den Propheten Sacharja sprach Gott seinem Volk die tröstenden und aufmunternden Worte zu (Kap. 2, Vers 12): *Denn so spricht der Herr, der Allmächtige, der mich zu den Völkern gesandt hat, die euch ausgeplündert haben: Wer euch antastet, der tastet meinen Augapfel an.* Diese Zusage an Israel und die Strafandrohung an feindliche Völker galt aber immer nur dann, wenn Israel die Gebote des Herrn treu erfüllte und selbst kein Aggressor war. Aber diese Beteuerung an sein Volk beinhaltete auch, dass sich das Volk Gottes des alten Bundes gegen Überfälle und feindliche Handlungen zur Wehr setzen durfte.

Rund vierzehn Tage später trafen sich Erwin, Günter und Herbert im Haus der Mühlbergers zu einem Gespräch. Birgit hatte Getränke vorbereitet und Herbert überraschte seine Freunde wieder einmal mit einem selbst gebackenen Apfelstrudel. Dieser war im Kreis der Freunde immer heiß begehrt.

Günter begann mit dem Gespräch: Ich habe mich mit den israelkritischen Mitgliedern des Hauskreises zusammengesetzt und mit ihnen unter Hinweis auf die Heilige Schrift über die Geschichte Israels und seine Beziehung zum lebendigen Gott, der auch ein Gott der Geschichte ist, gesprochen. Weiterhin habe ich die Kritiker gebeten, in Zukunft ihre Aussagen vorher zu überprüfen und nicht blind dem linken Zeitgeist zu folgen. In diesem Zusammenhang haben wir uns aber auch über den derzeitigen antifaschistischen Karneval auf deutschen und österreichischen Straßen unterhalten. Dabei habe ich den scharfsinnigen Denker Rudolf Burger (1938 bis 2019) – nicht zu verwechseln mit dem deutschnationalen und rechtsextremen Politiker Norbert Burger – zitiert, dem wir diesen Begriff für die von der politischen Linken und der berühmten ‚Zivilgesellschaft' ins Leben gerufenen Massenproteste samt Lichtermeer gegen die Regierung im Jahr 2000 verdanken.

Ich habe diese drei Männer gebeten, von diesen kritischen Aussagen Abstand zu nehmen und Konsequenzen angekündigt, sollte diese Bitte nicht erhört werden. Da fragte Bernhard, ob denn das Christentum nicht eine pazifistische Religion sei, die

die Anwendung von Gewalt verbiete? Natürlich gibt es Gruppen und Bewegungen des christlichen Spektrums – denn kein Christ ist im Besitz der vollen Wahrheit, auch wenn das manche von sich behaupten –, die der Meinung sind, dass die Bergpredigt mit ihren radikalen Forderungen auch für den Staat und die Beziehung der Völker untereinander gilt, übernahm Herbert die Diskussion. Aber es besteht ein gewaltiger Unterschied, ob eine Privatperson Gewalt anwendet oder aber der Staat zur Aufrechterhaltung der Ordnung oder der Friedenssicherung mit harten Mitteln durchgreift. Es bleibt aber immer die gewissensmäßige Entscheidung eines Christen, ob er den Militärdienst befürwortet oder im schlimmsten Fall in den Krieg zieht.

Da ging Birgit ins Nebenzimmer und holte eine Schrift des Reformators Martin Luther aus der Bibliothek des Ehepaares, die rund sechshundert Bücher umfasste. Sie suchte einen bestimmten Abschnitt und begann dann zu lesen: *Gott ehret das Schwert so hoch, dass er es sein eigen Ordnung heißt, und will nicht, dass man sagen sollte, Menschen haben es erfunden oder eingesetzt. Denn die Hand, die solch Schwert führet und würget, ist dann alsdann nicht mehr Menschenhand, sondern Gott rädert, enthauptet, würget und krieget, es sind alles seine Werke und Gerichte.* Dieser Abschnitt, so erklärte Birgit, stammt aus Luthers Schrift über die Zweireichelehre, in der das Reich Gottes, das ein Reich der Liebe und für alle Christen verbindlich ist, dem weltlichen Reich, in dem der Staat für Recht und Ordnung zu sorgen hat, gegenübergestellt wird. Denn nur dieser hat in unserer gegenwärtigen Zeit das alleinige Gewaltmonopol. Dass die Justiz ihr Schwert nicht umsonst trägt, hat uns auch der Apostel Paulus in seinem Brief an die Römer (Kapitel 13), unter deren Herrschaft das Schwert auch manchmal die Todesstrafe bedeutete, erklärt.

Da brachte sich Herbert wieder ins Gespräch ein: Luther lebte von 1483 bis 1546, begann er seine Ausführungen, also in einer Zeit, die sich in politischen und rechtlichen Strukturen ganz anders als die heutige darstellte. Daher auch die überaus harten

Worte. Aber Luther hatte recht mit seiner Erkenntnis, dass man einen Staat nicht im Geist des Evangeliums regieren kann. Der Reformator drückte dies damals bildhaft so aus, dass man die Bergpredigt nicht auf das Rathaus tragen könne. Diese falsche Vorstellung, dass man einen Staat mit dem Evangelium regieren und Frieden ohne Waffen aufrechterhalten könne, entstand zum ersten Mal nach dem Zweiten Weltkrieg wieder in der Friedensbewegung, die mit diesen fehlgeleiteten und wirren Ideen unter anderem die Evangelischen Kirchentage unterwanderte und dabei so manchen Pastor, der seine Bekenntnisschriften wohl nicht richtig kannte, verwirrte (siehe den ersten Roman des Autors, *Fünf Minuten nach Zwölf*, Seite 36, dritter Absatz. Dieser ist im gleichen Verlag 2022 mit der ISBN 978-3-99131-352-6 erschienen).

Darauf verschwand auch Bernhard, der den Ausführungen aufmerksam zugehört hatte, ebenfalls in der Bibliothek und kam mit einer grünen Ringmappe zurück. In dieser bewahrte er viele Zeitungsausschnitte zu den verschiedensten Themen auf. Er las aus einem Artikel der Neuen Zürcher Zeitung mit der Überschrift: ,*Die Kirche macht sich selbst überflüssig*' vor: Darin hieß es, dass die größte Dummheit der Kirche darin besteht, zu politisieren anstatt sich mit dem Thema Gott und Mensch auseinanderzusetzen. Seit der Zeit des Kaisers Konstantin strebte nämlich auch die Kirche nach politischer Macht oder machte sich im Laufe der Geschichte oft zum Steigbügelhalter für ungerechte Herrscher. Dieses Machtstreben war besonders in der Zeit des Mittelalters ausgeprägt, wo der Papst oft mehr weltliche Macht besaß als die Herrscher. Denn das Kirchenoberhaupt nutzte in dieser Zeit oftmals psychischen und geistlichen Druck, um über Kaiser und Könige zu herrschen. Heute meinen die Kirchen aber vielmehr, dass sie zu den Themen wie Umweltschutz, Flüchtlingskrise, Political Correctness und LGBT-Akzeptanz ihre Meinung äußern müssen. Diese stellt aber im besten Fall ein Minderheitenprogramm dar. Diese Kirchen tun dies aus der Angst heraus, Mitglieder zu verlieren oder den Anschluss an den Zeitgeist zu verpassen. Sie erreichen mit ihrer Verdrehung des Evangeliums, der frohen Botschaft von der Versöhnung des Menschen mit Gott aber nur das genaue Gegenteil, indem sich viele Menschen von ihnen abwenden.

Dazu käme öfter noch ein Lebenswandel des Kirchenpersonals, meinte der Autor des Artikels, der stark zu wünschen übrig ließe. Zu diesem Problem meinte Bernhard, dass niemand, auch kein Christ, vollkommen sei und immer richtig handele. Aber was sich manchmal Priester, vor allem im sexuellen Bereich leisten, stinkt wahrlich zum Himmel, meinte er abschließend. Da war es wieder Herbert, der sich neuerlich ins Gespräch einbrachte. Er erzählte den anderen Anwesenden von einer Hochzeit, bei der er eingeladen gewesen war. Ohne sich in Details zu verlieren, berichtete er, dass beim gemütlichen Beisammensein nach der Zeremonie der Pfarrer der Braut mehrmals unter den Rock gegriffen und dann seine Hand auf die Schenkel der Frau, die er kurz vorher getraut hatte, gelegt hatte. Da rief Bernhard erbost: Welche Schande! Wäre ich der Bräutigam gewesen, so hätte ich die Schandtat dieses Schwerenöters allen Gästen bekannt gemacht und den Pfarrer des Saales verwiesen. Amen (so sei es).

Viehofener See

Es war ungewöhnlich warm an diesem Freitag im Februar, als sich Monika und Peter sowie Birgit und Bernhard am Viehofener See im Norden der Landeshauptstadt trafen. Wider Erwarten hatte das Restaurant dort geöffnet, das jetzt mit einem neuen Pächter und einer neuen Speisekarte um Gäste warb. Aufgrund der fünfzehn Grad plus nahmen sie im Freien Platz. In Decken gehüllt schauten sie auf den künstlichen See, der sich von seiner herrlich dunkelblauen Seite zeigte. Monika hatte am Vormittag einen Termin bei ihrem Hautarzt gehabt und Peter war beruflich im Raum St. Pölten unterwegs gewesen. Die beiden trafen sich so gegen vierzehn Uhr mit den Freunden, um wieder einmal gemütlich miteinander zu plaudern. Da sie alle schon vorher zu Mittag gegessen hatten, bestellten sie sich lediglich ein Getränk und eine Mehlspeise. Zwei von ihnen tranken Kaffee, die beiden anderen wärmten sich mit einem Glühwein. Zu Beginn tauschten sie Erlebnisse der letzten Wochen aus, fanden aber bald zu einem Gespräch über das neueste Tagesgeschehen.

Denn nach einiger Zeit kamen sie auch auf den Vorfall an der FU in Berlin zu sprechen. Dort war ein jüdischer Student in Folge der propalästinensischen Proteste von einem Kommilitonen so brutal zusammengeschlagen und misshandelt worden, dass er mit schweren Knochenbrüchen im Gesicht ins Krankenhaus eingeliefert werden musste. Dieser und andere linke Unruhestifter, die bei den Demonstrationen palästinensische Flaggen in ihren Händen hielten, behaupteten, dass die Palästinenser in Deutschland kriminalisiert würden. Und solche Behauptungen nach den schlimmen Vorkommnissen des 7. Oktober 2023 in den Raum zu stellen, bei denen jüdische Jugendliche auf einem Musikfestival abgeschlachtet, Frauen vergewaltigt und weitere Personen ermordet und verschleppt worden waren, zeigte wahrlich den geistigen Zustand dieser Leute. Wenn diese Demonstranten sich zur Elite des Landes zählen, dann sieht es echt traurig für die Zukunft unserer Gesellschaft aus, meinte Bernhard erbost. Und wenn sich diese Marschierer gegen rechts, die sich neuerdings auf deutschen und österreichischen Straßen tummeln und ihren antifaschistischen Mummenschanz veranstalten, öffentlich versammeln, dann habe ich noch nie ein scharfes Wort gegen Antisemitismus oder Judenhass gehört, beendete er seinen Gefühlsausbruch.

Anscheinend, so meinte Peter, hat sich in diesen beiden Ländern trotz der furchtbaren Geschichte des zwanzigsten Jahrhunderts in Europa seither nicht viel geändert, auch wenn es sich diesmal um eine andere Ideologie handelt als damals. Diese zeige aber die gleichen Strukturen und Symptome wie das Unrechtssystem der 30er- und 40er-Jahre des vorigen Jahrhunderts, holte er weit aus. Dies hat uns der Schriftsteller Manes Sperber in seinem Werk ‚Zur Analyse der Tyrannis‘ detailliert erklärt. Aber dass diese schreckliche Tat in Berlin für den Täter keine Konsequenzen seitens der Universität nach sich zog, war ein weiterer Hohn auf das Leid des Opfers. Aber seit den 60er- und 70er-Jahren des vorigen Jahrhunderts haben linke Philosophen wie Marcuse, Adorno, Horkheimer und ähnliche Denker mit ihren Werken den Marsch durch die Institutionen, wie ihn die 68er-Generation angekündigt und durchgeführt hatte, beflügelt und so manchen Politiker in den etablierten Parteien beeinflusst. Besonders in den Reihen der Grünen ist dieses linke Gedankengut fest verortet. Diese Einstellung hat auch unseren Genderwahn, die Political Correctness, das Woke-Sein und die Cancel-Culture beeinflusst, erklärte Peter.

Als Beispiel führte er an, dass ein deutscher Fußballverein zu einer Geldstrafe verdonnert wurde, weil die Fans mit einem riesigen Transparent auf die Tatsache hingewiesen hatten, dass es nur zwei Geschlechter gibt.

Quo vadis Europa

meinte daraufhin Birgit, die Peters Worten aufmerksam gelauscht hatte. Weiterhin war sie der Meinung, dass, wenn sich unsere derzeitige Gesellschaft in Europa weiter in die falsche Richtung entwickele, es irgendwann zu einem großen Knall und zu einer Katastrophe kommen müsse. Wie es danach aber weitergehen würde, darüber hätte sich noch niemand Gedanken gemacht.

Kampffeld Seele

Es war Samstagabend und die Dinge standen schlecht, aber nicht so, wie es die EAV, die Erste Allgemeine Verunsicherung, in ihrem Song ‚Märchenprinz‘ gemeint hatte. Diese Band war in den Achtzigern und Neunzigern des letzten Jahrhunderts in Österreich sehr bekannt gewesen und hatte ihr letztes Konzert im Jahr 2019 gegeben. Zwischenzeitlich war diese Popgruppe aber ziemlich in Vergessenheit geraten, so wie es oftmals in unserer kurzlebigen Zeit bei modernen Künstlern vorkommt. Aber an diesem Samstagabend standen die Dinge wirklich schlecht, nämlich für Monika. Deshalb rief sie Herbert an und erzählte ihm von ihren Problemen. Sie stecke schon seit Längerem in einer schwierigen Krise, meinte sie zu ihm. Sie fühle sich, als sei sie in ihrem Leben gescheitert. Die Enttäuschungen reihten sich wie die Glieder einer Kette aneinander. Zeitweise bin ich sehr nervös und fahrig, meinte sie noch mit weinerlicher Stimme, und wenn ich auch nach außen hin eine kontaktfreudige Maske trage, so habe ich mich doch innerlich zurückgezogen. Ich sehne mich nach Geborgenheit und Liebe, aber ich bin mir bewusst, dass ich meine Erwartungen viel zu hoch geschraubt habe, erklärte Monika. Natürlich hat das auch Peter bemerkt, und ich bin mir sicher, dass auch er unter meinen Problemen leidet. Ich habe Angst um unsere Ehe, aber auch um meine ganz persönliche Zukunft. Diese Sätze brachte sie stockend hervor und machte danach eine kurze Pause.

Herbert, ich muss deshalb mit dir reden, nahm sie das Gespräch kurze Zeit später wieder auf. Ich war schon bei einigen Ärzten, Psychotherapeuten und Seelsorgern, aber sie konnten mir nur insoweit helfen, als sie mir einige Symptome aufzeigen und diese auch behandeln konnten. Aber mein Problem an der Wurzel zu packen, das haben sie leider nicht fertiggebracht. Da ich dich aus unserer Gemeinschaft am besten kenne, bitte ich dich um ein Gespräch, meinte sie abschließend.

Ich nehme mir gerne die Zeit und es ehrt mich, dass du als Erstes an mich gedacht hast, antwortete ihr Herbert nach einigem Nachdenken. Und ich will mich auch nicht vor der Verantwortung drücken, dir zu helfen, ganz im Gegenteil. Aber ich bin der Meinung, dass du am besten zuerst mit einer Frau sprechen solltest. Wenn es für dich in Ordnung ist, rede ich mit Birgit über deinen Anruf und ersuche sie, dich anzuhören. Was besonders für Birgit spricht, meinte Herbert weiter, ist die Tatsache, dass sie vor einigen Jahren einen Seelsorgekurs absolviert hat. Aber nicht so einen, wo man lernt, die Hilfesuchenden mit ein paar frommen Phrasen, ein paar frommen Bibelsprüchen oder einigen religiösen Trostpflastern abzuspeisen, sondern sie hat ein solches Rüstzeug erfahren, bei dem man auch auf ein fundiertes psychologisches Wissen Wert legte. Monika dachte länger über diesen Vorschlag nach und gab dann Herbert grünes Licht. Ich lade euch zu mir ein, meinte Herbert. Und sollten irgendwelche Schwierigkeiten auftreten, könnt ihr mich ja gerne zu eurem Gespräch hinzuziehen, legte er ihr noch ans Herz.

Gesagt, getan. Kaum war das Gespräch beendet, rief Herbert bei Birgit an und sprach mit ihr über die Angelegenheit. Da Monikas Hilferuf sehr ernst geklungen hatte und der Samstagabend zeitlich noch nicht sehr weit fortgeschritten war, hielten es Birgit und Herbert für das Beste, sofort zusammenzukommen, auch wenn dies wahrscheinlich eine lange Nacht für alle bedeuten würde. Birgit setzte sich sofort nach diesem Gespräch mit Monika in Verbindung und erzählte ihr von Herberts Angebot, sich sofort bei ihm zu treffen. Monika, die den Tränen nahe war, nahm das Angebot dankend an, auch wenn sie es war, die den längsten Anfahrtsweg hatte. Schlussendlich brauchte sie aber nicht selbst zu fahren, denn Peter, der froh über das Angebot war, fuhr sie zu Herbert nach St. Pölten. Auch Birgit hatte sich gemeinsam mit Bernhard auf den Weg in die Landeshauptstadt gemacht und so hatte sie schon auf der Fahrt die Möglichkeit, sich auf das Gespräch vorzubereiten.

Peter und Bernhard, die nicht in das Gespräch einbezogen waren, machten daher gemeinsam einen längeren abendlichen Stadtbummel durch St. Pölten. Herbert bat sie, ihre Handys nicht auszuschalten, damit sie jederzeit erreichbar wären. Er hatte schon im Gästezimmer, wo Monika und Birgit ihr Gespräch führen sollten, Mineralwasser und Traubensaft bereitgestellt. Er hingegen saß mit einem interessanten Buch im Wohnzimmer und hörte klassische Musik über seine Kopfhörer. Damit die beiden Frauen nicht durch irgendwelche Geräusche, die ins Nebenzimmer drangen, gestört wurden, hatte er darauf verzichtet, den Fernseher einzuschalten, obwohl derzeit ein interessanter Krimi lief. Während sich Herbert in die Geschichte des alten Rom vertiefte, begannen Monika und Birgit ihre Unterhaltung. Birgit ließ Monika gut eine Dreiviertelstunde erzählen und unterbrach sie nur dann, wenn das Gespräch zu stocken begann. Peters Frau schilderte in vielen Facetten und detailreich ihren derzeitigen Zustand. Birgit erkannte aus Monikas Schilderungen einen Kreislauf der Bitterkeit und erklärte ihr, dass so ein negativer Sog aus verschiedenen Gründen ein Leben belasten konnte. Sei es, dass diese Belastung aus einer Ablehnung in jungen Jahren entstanden war, sei es, dass Eltern versucht hatten, ihr Kind nach ihrem eigenen Bild zu formen. Aber auch einige andere Gründe führte sie noch als Möglichkeit für ihre Probleme an. So könne auch eine falsche religiöse Unterweisung, die eine Vorstellung von Gott entstehen ließ, die nicht der Wirklichkeit entsprach und einen strengen Gott ohne Liebe zeigte, zu dauerhaften Lebensproblemen führen.

Aber Birgit hatte im Kurs, im Gegensatz zu den meisten Lehrmeinungen, gelernt, dass es nicht unbedingt ratsam ist und zur Heilung eines belasteten Menschen beiträgt, wenn man die Einzelheiten der Kindheit oder der Jugend, die möglicherweise zu schwerwiegenden Belastungen eines Menschen geführt haben, schonungslos ans Licht zerrt. Es könnten dabei vielleicht ein paar kleine Ursachen für das Problem freigelegt werden, aber das Grundübel, das die Ursache für einen schwerwiegenden

Konflikt ist, kann dabei meist nicht behandelt werden. Denn man kann bei einer solchen Methode vielleicht den Hilfesuchenden in eine bestimmte Richtung lenken, aber dies könnte auch dazu führen, dass man dabei den Willen der hilfesuchenden Person missachtet. Denn Gott zwingt keinen Menschen in eine bestimmte Richtung, sondern er ruft, klopft an das Herz, ja kommt dem Suchenden entgegen, denn er will keine Marionetten, die sich als willenlose Hüllen von ihm benutzen lassen. Ohne dass Birgit das Wort *Gott* in den Mund genommen hatte, fragte Monika sie, was es denn mit einem christlichen Leben auf sich habe. Aber Birgit erkannte dabei, dass das für Monika keine philosophische Frage war, sondern ein Suchen nach dem richtigen Lebensweg. Denn wäre ihre Frage allgemein geblieben, so hätte ihre Fragestellung ganz anders gelautet: Gibt es überhaupt eine Wahrheit, wie sieht sie aus, wie kann man sie finden usw.? Dass sie aber diese eine ganz konkrete Frage auf dem Herzen gehabt hatte, war sicher der Tatsache geschuldet, dass sie durch die Freunde schon viel über ein Leben in der Gemeinschaft mit Gott gehört, aber auch in der Tat erlebt hatte.

Ihr war in den letzten Monaten klargeworden, dass sie ihr Leben nicht so weiterführen konnte wie bisher, meinte Monika. Vielleicht hätten andere bei ihr einen Pensionsschock diagnostiziert, denn Monika war erst vor einem knappen halben Jahr pensioniert worden und aus dem Dienst als Krankenschwester ausgeschieden. Aber Birgit war sich sicher, dass es sich bei Monika nicht um einen solchen handelte. Sondern sie vermutete, dass Peters Frau in einer ernsten Lebenskrise steckte. Um über ein christliches Leben reden zu können, begann Birgit ihre Antwort, muss man erst einmal ein Christ sein. Da genügt es nicht, als Baby getauft worden zu sein und einer Kirche oder auch einer freien christlichen Gemeinschaft anzugehören, da genügt es aber auch nicht, den Gottesdienst zu besuchen oder irgendwelche Sakramente zu empfangen. Dieses Bild ist leider das, was die meisten Menschen unter einem christlichen Leben verstehen. Es gibt aber inzwischen auch schon viele Menschen, die mit der Kirche und auch mit einem solch missverstandenem Christsein gebrochen haben, meinte Birgit. Mögen die Gründe für einen solchen Schritt auch mannigfaltig sein, so gibt es doch einen einzigen Grund für ein solches Verhalten, nämlich die Orientierungslosigkeit vieler Menschen. Diese entsteht oft durch das Fehlen allgemeingültiger Normen, ergänzte sie. Danach machte Bernhards Frau eine längere Pause.

Die Ursache für solche schwerwiegenden Probleme liegt immer darin, dass der Mensch frei von Gott sein will, sein Leben nach eigenem Gutdünken führen und selber bestimmen will, was für ihn gut oder schlecht ist, fuhr Birgit nach einiger Zeit fort. Dies wird deutlich in der Erzählung von Adam und Eva, sagte sie mit Nachdruck, in der die beiden mit den Worten verführt worden waren: *sollte Gott etwa gesagt haben?* Und als sie der Stimme des Verführers nachgaben, da zerstörten sie die Gemeinschaft mit Gott und untereinander. Denn Gott hatte die Menschen nicht einfach in ihrem Lebensraum ausgesetzt, sondern er gab ihnen gute, weise und gerechte Lebensregeln mit auf den Weg, die es ihnen erst ermöglichten, ein freies Leben führen zu können. Wie diese genau ausgesehen haben, wissen wir nicht mehr genau, aber ich bin mir sicher, dass sie den Zehn Geboten sehr ähnlich waren. Nein, eigentlich hundertprozentig gleich, sagte Birgit mit Nachdruck zu Monika. Denn der allwissende Gott und die Bedingungen für eine Gemeinschaft mit ihm haben sich bis heute nicht geändert.

Du sollst dir kein Bild machen

Ich bin der Herr, dein Gott, so beginnen diese Lebensregeln, die er seinen Geschöpfen für ihr Leben mitgegeben hatte. *Du sollst keine anderen Götter neben mir haben und sollst dir kein Bild von Gott machen und es anbeten,* heißt es weiter in dieser grundlegenden Regel. Diese war dazugegeben worden, um wie ein Wegweiser einen ziellosen Wanderer davor zu bewahren, in die falsche Richtung zu gehen. Vielen Menschen auf der Welt sind diese Worte irgendwie bekannt, und doch spielen sie bei der Mehrzahl von ihnen im alltäglichen Leben keine Rolle. Denn in der Aussage, *ich bin der Herr, dein Gott,* wurde klar das Eigentumsverhältnis zwischen Gott und dem Menschen deutlich gemacht. Als Gott sich so seinem Geschöpf vorstellte, da wussten die Menschen einerseits, mit wem sie es zu tun hatten, andererseits wurde auch die Rangordnung der Beziehung klar- und deutlich gemacht. Denn, wenn Gott der Herr ist, so ist der Mensch sein Eigentum. Er gehört Gott, Gott allein und er besitzt sein Leben nicht als sein Eigentum. Aber er ist auch nicht das Eigentum seines Nächsten. Damit erfährt das Geschöpf die Grenzen seines Lebens, über das er nicht willkürlich verfügen kann. Diese erste Lebensregel beendete Gott mit den Worten *Ich bin ein eifersüchtiger Gott,* was bedeutet, dass er nicht duldet, dass ein anderer oder etwas anderes im Leben eines Menschen seinen, Gottes, Platz einnimmt.

Aber was bedeutet das für die Freiheit einer Person?, warf Monika ein und bat um eine kurze Pause. Birgit nutzte diese, um kurz das Zimmer zu verlassen. Herbert, der zwar nicht gelauscht, aber durch die geschlossene Tür Wortfetzen mitbekommen hatte – denn die Kopfhörer hatte er nicht mehr auf –, hatte aus der Küche die selbst gemachten Ei- und Thunfischaufstriche samt Knabbergebäck geholt. Denn er war sich sicher gewesen, dass die beiden Frauen eine kleine Stärkung gut gebrauchen konnten. Nach einem kurzen Gebet mit Herbert ging Birgit wieder zu Monika zurück und nahm die die kleine und liebevolle Stärkung mit. Es war ihr Ziel, das begonnene Gespräch weiterzuführen. Monika wiederholte ihre Frage von vorhin und es dauerte einige Zeit, bis Birgit ihr antwortete. Freiheit, eine schwierige Frage, sagte sie, aber welche Art von Freiheit meinst du? Absolute Freiheit ist eine Illusion, die letztendlich nur in Anarchie und Zügellosigkeit enden kann; einen Zustand, den nur ganz verwirrte Geister anstreben. Leider gehen manche der derzeitigen gesellschaftlichen Entwicklungen in diese Richtung, meinte Birgit. Denk einfach daran, wovon heute Menschen frei sein wollen: frei von Fremdbestimmung, frei von Impfzwang, frei von Arbeit so weit wie möglich. Aber diese Art von Freiheit führt letztendlich nur in neue Abhängigkeiten, nämlich vom Staat, von Krankheit und von purem Egoismus. *Hauptsoch mir gehts guat, auf die aundan hau I in Huad* (Hauptsache mir geht es gut, die anderen sind mir egal, etwas frei übersetzt) sang schon der Liedermacher und Maler Arik Brauer in den Siebzigern des vorigen Jahrhunderts.

Aus einer solchen Einstellung heraus begann eines der Grundübel des Menschen ohne Gott, das durch alle Jahrhunderte hindurch die Geschichte der Menschheit prägte. Denn fern von seiner ursprünglichen Heimat in Gott irrt der Mensch plan- und ziellos durch Raum und Zeit. Wohin geht die Reise, fragt er, hat aber keine befriedigende Antwort darauf. Zu mannigfaltig und überaus vielfältig sind die verschiedenen Religionen, Philosophien und Ideologien, um daraus die richtige Antwort zu finden. Aber leider gibt es auch viele Menschen, die über den Sinn des Lebens gar nicht mehr nachdenken. Diese schaffen sich Pseudoziele, besonders in den reichen Ländern Europas und Amerikas. Aber die Ketten, die diese Menschen fesseln, reiben von innen, auch wenn sie von außen gar nicht sichtbar sind. Manche glauben, sie müssen und können die Welt retten und verstricken sich dabei manchmal in völlig sinnlose und kriminelle Aktionen. Andere meinen, dass nur die richtige Ernährung das Ziel des Lebens sein kann und vergessen dabei, wie viele Millionen von Menschen froh wären, wenn sie sich so wie wir ernähren könnten.

Manch andere wieder wollen ihre Kinder ohne jeglichen Zwang erziehen und sitzen dabei einem Spuk der Sechzigerjahre des vorigen Jahrhunderts auf. Aber nach einiger Zeit schauen sie dann verdutzt drein, wenn sie die Früchte des Wildwuchses ihrer missratenen Kinder ernten. Man könnte noch viel mehr der mannigfaltigen Ursachen für diese üblen Entwicklungen aufzählen, aber das Schlimme daran ist, dass es zu anderen Zeiten und in anderen Gesellschaften oft genau so übel aussah. Der Traum der Antike von einem goldenen Zeitalter war leider nur ein Traum oder modern ausgedrückt, *fake news*. Denn die giftige Wurzel all dieser Übel liegt darin, dass der Mensch von Gott getrennt ist und oft auch nicht zu ihm zurückkehren will. Manchmal liegt es daran, dass das Wissen fehlt, wie wir ins Vaterhaus zurückkehren können, manchmal wollen aber die Menschen aus Trotz nicht, dass jemand über sie herrscht und ihr Herr ist. Sie wollen selbst entscheiden, was gut und schlecht für sie ist, aber dafür fehlt ihnen ein Maßstab, nach dem sie sich ausrichten könnten; die Gebrauchsanleitung sozusagen, meinte Birgit. Danach machte sie wieder eine längere Pause und fragte Monika, ob sie das Gespräch ein anderes Mal weiterführen oder doch noch weiter über ihre Probleme reden wolle. Obwohl die beiden Gesprächspartnerinnen schon sehr müde waren, siegte Monikas Anliegen, diese Unterredung zu einem abschließenden Ende zu bringen. Da auch Bernhards Frau schon leicht abgekämpft war, bat sie Herbert, auch am Gespräch teilzunehmen.

Licht am Ende des Tunnels

Endstation Freiheit. Dass der Mensch von Gott getrennt ist, braucht nun nicht mehr näher erklärt werden. Durch die Sünde, dem bewussten Ungehorsam gegen Gott, steht eine von Gott getrennte Person allein in ihrem Leben da, begann Herbert seine Ausführungen. Da es inzwischen schon Mitternacht geworden war, wollte er ab jetzt mit knappen Erklärungen die letzten Gedanken mit Monika zu Ende führen. Der Mensch ist den Mächten des Lebens ausgeliefert, erläuterte er weiter, die manche Schicksal, Vorsehung oder die Götter nennen. Auch wenn sich manche mit religiösen Festen oder Umzügen, Pilgerfahrten und was es auch sonst noch für vermeintliche Pflichten gibt, den religiösen Bauch kitzeln lassen, meinte er, die tiefe Kluft zwischen Mensch und Gott bleibt dabei auch für solche Menschen bestehen. Aber da war doch noch etwas? Auch wenn Herbert dies nicht so aussprach, kam er sofort auf das Opfer Jesu auf Golgatha zu sprechen. Obwohl die Menschen verschiedene Möglichkeiten haben, mit ihrer Schuld umzugehen, bleiben doch am Ende nur drei Ausreden für einen Menschen übrig, der seine Schuld nicht eingestehen will. Entweder wird diese verleugnet, verharmlost oder der Mensch rechtfertigt sich damit, dass die anderen auch nicht besser sind als er. Aber keine dieser Möglichkeiten führt zum Ziel oder zum Licht am Ende des dunklen Tunnels.

Durch den Heiligen Geist wird der von Gott getrennte Mensch erkennen müssen, dass sein Ungehorsam den Geboten Gottes gegenüber diese Trennung von seinem Schöpfer verursacht. Und die Erkenntnis, dass die Hilfe und das Licht von außen kommen müssen, versteht sich dann von selbst. Als Johannes der Täufer den Messias ankündigte, rief er beim Zusammentreffen mit ihm aus: *Siehe das Lamm Gottes, das der Welt Sünde trägt.* Und ein anderer Johannes, der Apostel, schrieb in seinem ersten Brief

(Kap. 1: Vers 9): *Doch wenn wir ihm* (nämlich Jesus Christus) *unsere Sünden bekennen, ist er treu und gerecht, dass er uns unsere Schuld vergibt und uns von allem Bösen reinigt.* Darin liegt das große Geheimnis: Wir selbst können keine Vergebung erwirken, auch wenn sich die Menschheit im Laufe ihrer Geschichte viele Wege dazu ausgedacht hat, um sich selbst am eigenen Schopf packend aus der Misere zu ziehen, bis hin zu einem verzerrten Christentum. Sondern es ist Gott, der den Anfang für eine Rückkehr zu ihm gemacht hat, indem er seinen Sohn Jesus Christus vor rund zweitausend Jahren ans Kreuz schlagen ließ. Und dabei ist es müßig zu fragen, wer schuld ist am Tod Christi, die Juden oder die Römer, nein, liebe Leser, es waren meine Sünden und die Ihren, weswegen Christus sterben musste.

Aber diese frohe Botschaft hat noch einen zweiten Akt, führte Herbert aus. Jesus Christus ist nicht im Tod geblieben, sondern auferstanden. Dafür legten nicht nur seine Jünger Zeugnis ab, sondern auch viele außerbiblische Dichter und Geschichtsschreiber, die meistens weder mit dem Judentum noch mit dem Christentum etwas zu tun hatten. Christus, der lebendige Gott ist auferstanden, in den Himmel aufgefahren und regiert dort als König der Könige und Herr der Herren. Und diesen Sieg dürfen auch wir jetzt schon für uns in Anspruch nehmen. Ein Leben in der Nachfolge Christi ist nicht in erster Linie ein Leben von Ver- und Geboten, sondern zeigt sich in der täglichen Gemeinschaft mit dem auferstandenen Herrn. Christus soll durch den Heiligen Geist in unseren Herzen wohnen und sein Wille soll durch unsere Taten zum Ausdruck kommen. Denn nur ein Mensch, der ein geheiligtes Leben führt, kann Gemeinschaft mit dem lebendigen Gott haben und Frucht bringen.

Aber wie geschieht denn diese Gemeinschaft?, fragte Monika.

Durch das Gebet, durch das Lesen des Wortes Gottes der Bibel, in der Gemeinschaft mit anderen Christen und durch das tägliche Handeln im Willen Gottes, den wir im Gebet suchen sollen, erklärte ihr Herbert abschließend.

Damit war er mit seinen Ausführungen zu einem Ende gekommen. Obwohl die Uhr bereits eine gute Stunde nach Mitternacht anzeigte, war Monika wieder hellwach. Birgit war schon fast am Einschlafen, so sehr hatte sie die Müdigkeit übermannt. Die Getränke und die Snacks waren bis auf den letzten Tropfen und das letzte Stück Knabbergebäck restlos aufgezehrt worden. Monika aber wollte sich eine Bedenkzeit nehmen, ob sie dieses Geschenk Gottes der Vergebung und eines neuen, veränderten Lebens annehmen sollte. Herbert meinte dazu, dass schnelle und gefühlsmäßige Entscheidungen ohnehin nicht lange halten und bot ihr weitere Hilfe in ihrer Suche nach der Wahrheit an.

Ob und wie Monika sich entschied, erfahren wir erst im weiteren Verlauf unserer spannenden Geschichte.

Da die Gäste zu müde waren, um sicher nach Hause fahren zu können, verteilte sie Herbert auf die verschiedenen Schlafgelegenheiten in seiner Wohnung. Peter und Bernhard hatten es sich bereits auf der Wohnzimmerbank und in einem Ohrensessel gemütlich gemacht und schliefen bereits den Schlaf der Gerechten. Selbst die Vorbereitungen der anderen für die Nacht konnten sie nicht aufwecken. Dafür waren Bernhard und Peter bereits vor allen anderen Freunden aufgewacht und hatten in einem Geschäft am Bahnhof großzügig Gebäck und Kuchen eingekauft und Kaffee gekocht. Selbst den Frühstückstisch hatten sie schon für alle gedeckt.

Eine toxische Ideologie

Mit diesen Worten begann Stefan seine erste Rede, um die Herbert seinen Freund gebeten hatte. Denn es war im Freundeskreis bekannt, dass sich Stefan ausführlich mit politischen und gesellschaftlichen Fragen der Gegenwart auseinandersetzte. Er hatte aber damals noch nicht das Geheimnis gelüftet, warum ihn diese Thematik so besonders interessierte. Herbert hatte bereits im Voraus einen Saal in einem Gasthaus gemietet und neben den Freunden waren auch einige Bekannte und Arbeitskollegen des Redners der Einladung gefolgt. Stefan hatte angekündigt, sich kritisch mit dem Kommunismus auseinandersetzen zu wollen, da die Partei, die dieser toxischen Ideologie anhängt, in Österreich wieder wählbar geworden und in politische Ämter berufen worden war. Toxisch deshalb, da sie überall, wo sie in ihrer eher kurzen, aber blutigen Geschichte an die Macht gekommen war, durch ihr Handeln die Entwicklung der Demokratie, die westliche Grundordnung, das freie Wort und sowohl Leistung als auch Selbstverantwortung dauerhaft untergraben hat. Denn dieses linke Gedankengut hatte sich nicht nur in den kommunistischen Staaten, sondern auch schon vor Jahrzehnten in Teilen Europas in der 68er-Generation des zwanzigsten Jahrhunderts, in der Friedensbewegung, bei den Grünen und in Teilen der sozialdemokratischen Parteien schleichend ausgebreitet und die Gesellschaft unterwandert. Heizen und Wohnen waren die Zauberworte, mit denen diese linke Partei und Ideologie die Menschen in Österreich geködert und verführt hatte. Denn die heutigen Helden sind nicht Menschen, die in Politik, Wirtschaft und Kunst Großartiges geleistet haben, sondern soziale und ökologische NGOs, die mit den immer gleichen Schlagworten die Menschen verunsichern und die Gesellschaft in eine Richtung führen, die tatsächlich toxisch ist.

Dieser Geist hat sich aber nicht nur in die Politik und das wirtschaftliche Verständnis eingeschlichen, sondern hat sich auch in der Kunst, die sich weit von den Idealen und dem Können vergangener Jahrhunderte entfernt hat, breitgemacht. Leider findet diese Anbiederung an den Zeitgeist auch in den Kirchen statt, wie wir schon öfter gehört und in unseren Gesprächen erörtert haben. Denn diese Gemeinschaften haben sich weit von der Lehre Jesu und der Apostel, also dem ursprünglichen biblischen Christentum des ersten Jahrhunderts, entfernt. Aber die Sorge um das Klima und die Klärung der Frage, wie viele Geschlechter es gibt, fallen ganz sicher nicht in den Aufgabenbereich derer, die sich auf das Neue Testament berufen. Dafür glänzt die evangelische Kirche Deutschlands durch ihre Abwesenheit, wenn es um die entscheidenden Antworten in der Frage der Straffreiheit in der Abtreibungsdebatte geht. Damit haben die Anhänger dieser Kirche zwischenzeitlich zu einem großen Teil den Anspruch verwirkt, Protestanten genannt zu werden.

Aber wieder zurück zu unserem Thema, warum die kommunistische Partei wieder wählbar geworden ist, obwohl ganz sicher der abgewirtschaftete Kommunismus nicht als Erster die soziale Frage erfunden hat. Denn es steht fest, dass die kommunistischen Staaten weder in Europa noch sonst wo auf der Welt wirtschaftlich erfolgreich waren. Denn eine Gesellschaft, die von einer diktatorischen Partei und deren Geheimdienst total überwacht wird und deren Bürger unterdrückt, kann keine Eigenverantwortung, Individualität, Freiheit und Leistung hervorbringen. Trotzdem war man lange Zeit der falschen Meinung gewesen, dass China durch die wirtschaftlichen Erfolge freier und liberaler werden würde. Aber eine solche Änderung der toxischen Ideologie des Kommunismus ist leider auch dort nicht eingetreten. Was diese Ideologie im 20. Jahrhundert tatsächlich hervorbrachte, waren 100 Millionen Tote in der Sowjetunion, in China und Nordkorea sowie in Kambodscha und Vietnam. Diese Zahl stellt sogar den Mord an Millionen von

Juden, im gleichen Jahrhundert und von einer ähnlichen Ideologie begangen, in den Schatten.

Denn auch die Erde der ehemaligen Sowjetunion und ihrer Trabanten wurde vom Blut unschuldiger Opfer getränkt. Man denke dabei nur an den Holodomor (bewusst herbeigeführte und von Lenin verordnete Hungersnot in den 1930er-Jahren in der Ukraine), der aber vom heutigen Russland unter dem Diktator Putin vehement geleugnet wird. Aber die Bürgermeisterin von (Lenin) Graz und der Vertreter dieser Partei in Salzburg dürften diesen geschichtlichen Aspekt nicht erkannt haben und es zeigt sich deutlich, dass sie ebenso wenig in den Stasi-Akten geblättert haben. Dies erklärt natürlich ihr fehlendes Geschichtsbewusstsein zumindest zu einem kleinen Teil. Aber auch Vertreter rechtsextremer und rechtsradikaler Parteien haben sich von dem bösen Nachfolgeregime des Kommunismus unter Putin kaufen lassen und für dieses und für China spioniert.

In seinem zweiten Teil der Rede, die von einer längeren Pause unterbrochen worden war, um sich zu stärken und um sich mit den anderen Zuhörern auszutauschen, widmete sich Stefan einem Presseartikel vom 12.04.2024, in dem in einem Artikel zum Thema Armut Stellung genommen worden war. Einerseits war in diesem zu lesen, dass die vielen sozialen Hilfsorganisationen nicht müde werden, darauf hinzuweisen, dass die Menschen in Österreich immer ärmer werden. In diesem Zusammenhang wies er auf den Parteivorsitzenden der Sozialdemokraten hin, der in seiner populistischen Manier in einem Interview die Meinung vertreten hatte, dass für die Österreicher das Zubereiten einer ‚woamen Moizeit‘, also einer warmen Mahlzeit, zu einer immer größer werdenden Hürde werde. Dieser politische Wirrkopf, der sich in einem Interview selbst als Marxist bezeichnet hatte, nannte die Europäische Union an anderer Stelle das aggressivste außenpolitische Bündnis, das es je gegeben habe. Was die warme Mahlzeit betraf, meinte er damit aber nicht, dass die Kochkünste der Menschen in diesem Land zu bescheiden seien, sondern dass den Menschen das nötige Geld fehle, sich gesund zu ernähren. Gleichzeitig lenkte der Autor des Artikels die Aufmerksamkeit der Leser auch darauf, dass die Erfolge in der Armutsbekämpfung weder von den Hilfsorganisationen noch von den links gesteuerten Medien gerne an die große Glocke gehängt werden. Denn der Schreiber war zu der abschließenden Erkenntnis gelangt, dass man ja sonst auf die Idee kommen könnte, dass es keine weiteren staatlichen Leistungen mehr brauche.

Deshalb wird weiter vor einer Krise gewarnt und dramatisiert, wobei man sich eines nicht ganz sauberen Tricks aus der Statistik bedient. Denn man führt in diesen Berechnungen nicht nur die Zahl der Armen an, sondern auch die der Armutsgefährdeten, sodass dadurch, unabhängig von der wirtschaftlichen Lage der Gesellschaft, eine schockierend hohe Zahl an Armen entsteht. Als armutsgefährdet wird nämlich jeder eingestuft, der nach Steuern und Sozialtransfers weniger als 60 Prozent des mittleren Einkommens zur Verfügung hat. Dazu zählt man in Österreich 1,3 Millionen Menschen. Was diese linken Ideologen aber nicht sagen, ist, dass wenn der Wohlstand steigt, auch die Schwelle steigt, ab der die Bürger Gefahr laufen, in die Armut abzurutschen. Wie verzerrt diese Statistik den wahren Sachverhalt darstellt, zeigt sich auch dadurch, dass laut dieser Berechnung fast alle Studenten armutsgefährdet sind, auch wenn sie dank wohlhabender Eltern in einer eigenen Wohnung leben. Ebenso gilt eine vierköpfige Familie, die in einer abbezahlten Eigentumswohnung lebt und netto weniger als 2.924 Euro zur Verfügung hat, als armutsgefährdet.

Zum Schluss sprach Stefan noch darüber, inwieweit auch die Kirchen von dieser linken Ideologie infiziert worden seien. Exemplarisch führte er ein Beispiel aus der Geschichte an und sprach über das ‚Soziale Evangelium‘, das in den USA am Ende des 19. und zu Beginn des 20. Jahrhunderts in Mode gekommen war. Die linken Vertreter dieses ‚anderen‘ Evangeliums, die aus der protestantischen und intellektuellen Mittelschicht der Bevölkerung kamen, waren der Meinung, dass neben dem Staat und den Gewerkschaften sich auch die Kirchen, für die Verbesserung der wirtschaftlichen und sozialen Situation der Menschen einsetzen sollten. Wer seine Bibel kennt und diese vorurteilsfrei liest, kann sich dieser Meinung aber nicht anschließen. Sehr wohl aber können und sollen Christen als Gewissen für staatliche Institutionen und Entscheidungsträger wirken, um diese an ihre soziale Verantwortung zu erinnern. Deshalb ist mir das Schweigen der evangelischen Kirche Deutschlands in der Abtreibungsdebatte unverständlich, worauf ich bereits am Anfang meiner Rede hingewiesen habe, wiederholte Stefan seine Kritik. Zum Schluss möchte ich noch aus einem Folder, den mir mein Freund Herbert von einer Veranstaltung der politischen Akademie einer staatstragenden Partei mitgebracht hat, zitieren. Diese Österreichgespräche fanden zum Wahlauftakt für die EU-Wahl statt. Mit diesem Zitat schloss Stefan seinen Vortrag und war bereit für die Fragen seiner Zuhörer.

Grundlage ist unser Menschenbild, das seine Wurzeln in der Theologie des Christentums und in der Philosophie der Aufklärung hat.
Im Zentrum steht der Mensch als Individuum mit gleichen Rechten und Pflichten für alle sowie mit individuellen Talenten, Bedürfnissen und Freiheiten.

Da rief einer der Zuhörer lautstark in die Menge: *Noch, noch gilt das, aber in Hamburg hat bereits ein aufgebrachter, islamistischer Mob das Kalifat für Deutschland gefordert.* Und noch lauter rief er: *Wehret den Anfängen!*

Die Stadt im Brennpunkt

Unbarmherzig klingelte der Wecker, so wie jeden Tag. Nur heute eine halbe Stunde früher als sonst. Und entgegen seiner Gewohnheit stand Herbert heute sofort auf, richtete sich das Frühstück und ging danach ins Bad. Dann zog er sich an, las in seiner Bibel und betete. Aber irgendetwas schien heute anders zu sein, anders als an einem normalen Tag. Ja, es gab tatsächlich etwas Besonderes. Herbert war zu der Hauptstadtversammlung einer Partei eingeladen, die im Bund Regierungsverantwortung trug. Dass es sich dabei nicht um die Partei der Grünen handelte, war natürlich jedem klar, der Herbert näher kannte. Mit dem Bus ging es in die unmittelbare Nähe des Parteizentrums, das auf dem linken Traisenufer lag. Herbert war einer der ersten Gäste, die am Veranstaltungsort eintrafen. Nach der üblichen Begrüßung suchte er sich einen Platz ungefähr in der Mitte der Sesselreihen. Nach und nach trudelten die Gäste ein, wobei Herbert so manchen Bekannten traf, den er noch aus seiner Zeit als aktives Mitglied der Partei kannte. Denn als er noch berufstätig war, wirkte er als einer der beiden Vertreter für jene politische Gruppe, die als Fraktion im Sozialversicherungsträger in der Minderheit war, in der Stadtpartei.

Nach der Begrüßung durch den Vizebürgermeister der Landeshauptstadt referierten zwei Redner über die Probleme in den Städten Linz und (Lenin)Graz. Sie sprachen über die Probleme in den beiden Hauptstädten und über die Lösungsansätze. Besonders interessant erschienen Herbert die Widersprüche in der letztgenannten Landeshauptstadt, die derzeit links-grün regiert wird. Einerseits setzte diese Koalition schon seit Längerem erfolgreich auf die Themen Wohnungsbau und Soziales, andererseits entzogen sie den Oppositionsparteien die finanziellen Mittel, damit diese ihre manchmal ideologisch konträren Lösungsvorschläge nicht durchsetzen konnten. Diese unfairen

Vertreter der kommunistischen Partei hatten zwar mit dem Verzicht auf zwei Drittel ihres Gehaltes zugunsten sozialer Projekte gepunktet und sich so das Wohlwollen eines großen Teils der Menschen in dieser Stadt erschlichen, setzten aber beinhart ihre kommunistischen Vorstellungen, wie eine Gesellschaft auszusehen hat, durch. Der Redner wies aber darauf hin, dass es selbst dieser Partei bei der Kinderbetreuung nicht gelungen war, befriedigende Lösungen zu finden, da manche Möglichkeiten für sie aus ideologischen Gründen nicht akzeptabel waren. Aber am liebsten würde diese Partei den Bürgern vorschreiben, welche Musik sie hören sollen, ätzte der Stadtrat gegen Schluss. Als Herbert sich erhob, um zu fotografieren, sah er Stefan in der dritten Reihe der rund hundert Zuhörer sitzen.

In der kurzen Pause, in der man sich um Würstel, Gebäck und Getränke kümmern konnte, trafen sich die beiden Freunde auf ein kurzes Gespräch und vereinbarten, nach der Hauptstadtkonferenz den Nachmittag in einem Kaffeehaus ausklingen zu lassen. Stefan erzählte, dass er dienstlich anwesend sei, da man in der heutigen Zeit nie sicher sein konnte, welche Störaktionen fehlgeleiteten Individuen einfielen. Nach kurzer Zeit ersuchte die Gemeinderätin, die die Veranstaltung souverän leitete, wieder Platz zu nehmen, da in Kürze der zweite Teil der Veranstaltung begann. In diesem war vorgesehen, dass die Zuhörer Fragen stellen konnten. Diese Möglichkeit wurde interessanterweise hauptsächlich von Frauen genutzt, die meist ganz praktische Fragen zur Kinderbetreuung oder zur Mobilität von älteren und behinderten Mitmenschen in einer Stadt stellten, in der die Autos immer mehr aus dem Stadtbild verdrängt werden sollten. Dabei wurde Herbert klar, wie mühevoll und aufwendig praktische Stadtpolitik sein konnte. Er nahm sich daher vor, in Zukunft weniger kritisch zu sein und verschiedene Probleme mehr und genauer zu hinterfragen. Nach einem kurzen Statement der Gemeinderätin, die durch den Tag geführt hatte – und der Herbert nach der Veranstaltung Exemplare seines Schaffens überreichte – und einer Rede des amtierenden Vizebürgermeisters ging die Veranstaltung zu Ende.

Was ist nur passiert?

Da Stefan sich nach dem Ende der Hautstadtkonferenz noch von einigen Bekannten verabschieden wollte, war Herbert bereits ein Stück vorausgegangen. Als er einige Zeit später jemanden Bob Dylans ‚Ballad of a thin man' summen hörte, drehte sich Herbert um und blickte in Stefans Gesicht. Soweit er sich erinnern konnte, lautete der Text dieses Liedes ins Deutsche übersetzt: *Irgendetwas geht hier vor, doch du weißt nicht, was es ist. Oder, Mr. Jones?* Und mit diesen Zeilen machte Herbert wieder eine gedankliche Reise in seine Jugendzeit, in der er sich die grundlegenden Fragen des Lebens gestellt hatte. Als Stefan das verdutzte Gesicht seines Freundes sah, versuchte er ihm zu erklären, warum er gerade diese Melodie gesummt hatte: Bei den Vorträgen am heutigen Vormittag ist mir so deutlich wie noch nie bewusst geworden, dass mit unserer Gesellschaft hier in Europa etwas nicht stimmt. Das heißt natürlich nicht, dass es woanders besser aussieht, aber all die Fragen, die in den Referaten aufgeworfen wurden, suchen nach einer Antwort, was denn in den letzten Jahren in unserer Gesellschaft schiefgelaufen ist. Aber vielleicht liegt die Antwort darauf auch schon in den geschichtlichen Veränderungen der Vergangenheit und wir ernten heute bloß die Früchte einer Zeit, die schon viel länger zurückliegt.

Lass uns ins Kaffeehaus gehen, meinte Herbert, dort können wir ausführlich darüber reden, dass der Mensch immer das erntet, was er gesät hat. Denn dies ist ein unumstößliches Prinzip.

Wo gehen wir denn überhaupt hin?, fragte Stefan.

‚Zum Mohren' wie ausgemacht, antwortete der Freund.

Den gibt es doch schon länger nicht mehr, war die Antwort. Das Kaffeehaus gibt es schon noch, meinte er einschränkend, aber der Name wurde vor einigen Jahren geändert, ist der Political Correctness zum Opfer gefallen. Aber die Mehlspeisen sind immer noch gleich gut, meinte er schmunzelnd. Über dieses Thema des politisch Korrekten haben wir uns ja schon öfter unterhalten und wir sind immer zum gleichen Ergebnis gekommen, dass es sich dabei bloß um Spitzfindigkeiten handelt, meinte Stefan zu diesem heutzutage überstrapazierten Thema. Denn man kann die Einstellung von Menschen oder der Gesellschaft nicht ändern, indem man Worte ändert oder die Geschichte umschreibt. Den letzten Teil des Weges gingen die beiden schweigend, bis sie am Ziel angelangt waren. Als sie in das Lokal eintraten, wurden sie von dessen Chef herzlich begrüßt und der Kellner zeigte auf den letzten noch freien Tisch. Auf die Frage ‚Wie immer?‘ nickte Herbert bloß mit dem Kopf, danach gab Stefan seine Bestellung auf.

Kaum waren die süßen Köstlichkeiten serviert und auch verzehrt worden, begann Stefan zu reden: Ich hab dir wahrscheinlich noch nicht erzählt, dass ich, bevor ich in den Polizeidienst eingetreten bin, einige Semester Geschichte studiert habe. Aber da die Berufsaussichten in dieser Branche damals nicht überwältigend waren und ich nicht auf ein Lehramt studieren wollte, habe ich mich dann beruflich neu orientiert. Nach den wenigen Semestern Studium bin ich in den Polizeidienst eingetreten und habe dort meine Karriere als Straßenpolizist begonnen. Nach einiger Zeit und einigen Fortbildungskursen bin ich dann zur Kriminalpolizei gewechselt, bis ich dann bei meiner derzeitigen speziellen Verwendung angelangt bin. Mehr kann ich dir jetzt und hier dazu nicht sagen, schloss er vorerst seine Einleitung.

Ein paar Schlucke Kaffee und ein kleines Mineralwasser später, fuhr er fort: Bei der derzeitigen gesellschaftlichen Lage habe ich mir in all den vergangenen Jahren immer wieder die Frage gestellt, warum verhält sich der Mensch so, wie er handelt. Und als Polizist weiß ich, worüber ich rede. Aber seit ich Christ bin, wird mir die Antwort immer klarer, nämlich dass der Mensch nicht von Kindesbeinen an gut ist, wie es unsere Gesellschaft immer wieder behauptet, sondern dass das Böse in seinem Herzen steckt und nicht nur das Produkt unserer Gesellschaft und Erziehung ist. Die Wurzel all des Übels liegt viel tiefer, das habe in den letzten Jahren immer wieder erkannt. Dazu kommt, dass die Zeitgenossen keine allgemein verbindlichen Normen mehr anerkennen und die gesetzlichen immer weniger ausreichen, um die Menschen in ihre Schranken zu weisen. Hinzu kommt erschwerend, dass die Sanktionen gegen jene Personen, die die Gesetze brechen, nicht mehr ausreichen. Seit der großen Strafrechtsreform im vorigen Jahrhundert steht immer mehr der Täter mit seiner Vergangenheit und seinem sozialen Umfeld im Vordergrund und nicht das Leid der Opfer. Und windige Strafverteidiger machen es auch nicht leichter, härtere Strafen durchzusetzen. Da wird oftmals mit Gutachten und dem Versuch, die Opfer als Mitschuldige darzustellen, getrickst. Herbert, du weißt sicher, wovon ich rede, denn du bist in dieser Zeit aufgewachsen und hast sicherlich später in deinem ereignisreichen Berufsleben als Sachbearbeiter für Insolvenzen und Rechtsangelegenheiten öfter eigene diesbezüglichen Erfahrungen gemacht.

Ja, das stimmt, sagte der Angesprochene und trank von seiner inzwischen nachbestellten Cola light. Die Zeit des Protestes und einer herbeigesehnten Revolution, das war das Umfeld, in dem ich groß geworden bin. Nicht, dass ich direkt an irgendwelchen Aktionen beteiligt gewesen wäre, dazu gab es zu wenig Gleichgesinnte in meiner Heimatstadt, aber ich habe mit diesen Ideen sympathisiert und sie auch propagiert. Leider, sage ich heute, aber ich bin froh, dass ich in meiner Jugend zum christlichen Glauben, besser gesagt zu Christus, gefunden habe. Darüber weißt du ja bestens Bescheid, denn von meiner Sinnesänderung habe ich ja schon öfter erzählt. Und von diesem Zeitpunkt vor nunmehr über fünfzig Jahren an, hatte ich einen absoluten Maßstab, um all die Entwicklungen einordnen zu können, die mich damals bewegten. Ich finde es gut, dass diese oft verworrenen Ideen unsere Gesellschaft nicht ganz durchdringen konnten, aber diese linken Vorstellungen der 68er-Bewegung und die romantischen Fantasien der Hippiezeit haben den damals angekündigten Marsch durch die Institutionen angetreten und teilweise leider auch geschafft.

Zwischenzeitlich haben diese linken und verwirrten Ideen in Österreich und natürlich auch in Deutschland in den sozialdemokratischen Parteien und bei den Grünen – denn in Österreich gibt es ja bundesweit keine eigenständige Linkspartei – Fuß gefasst und haben mit ihren Vorstellungen die Gesellschaft ausgehöhlt und die guten, überkommenen Werte, die Jahrhunderte lang den Zusammenhalt der Gesellschaft in Europa garantiert haben, verdrängt. In Deutschland konnte sogar einmal eine Person der Grünen Außenminister werden, die in ihrer Jugend Polizisten mit Steinen beworfen hatte und heute ein steinreicher Unternehmer ist. Und dies geschah damals gerade in einer Zeit, in der man zu Recht die hässlichen Verstrickungen manch anderer Politiker in der Zeit des Nationalsozialismus angeprangert hatte. Namen zu nennen erspare ich mir, denn du bist zu jung, um sie zu kennen, aber wer etwas zu dieser Zeit erfahren möchte, kann ja im Internet nachsehen. Und ist etwas aus dieser Zeit geblieben, ist die Gesellschaft dadurch menschlicher geworden?, fragte Herbert sich selbst und seinen Freund. Ich denke nicht, gab er sich selbst und Stefan nach einer kurzen Pause die Antwort.

Denn eine Kultur kann sich immer nur innerhalb der von Gott gesetzten Grenzen schöpferisch entfalten, läutete er seinen nächsten Gedanken ein. Und unter anderem muss eine Gesellschaft immer nach dem beurteilt werden, wie sie mit den Frauen, ihren älteren Personen, mit Menschen mit Behinderung oder mit den Ungeborenen umgeht. Auch die weitreichende Problematik eines schranken- und zügellosen Umgangs mit Geld und Reichtum zähle ich zu den Kriterien für ein fundiertes Urteil. Und in diesem Zusammenhang weise ich bloß auf die Einstellung eines großen Teils unserer Gesellschaft zu den Themen Sterbehilfe und Abtreibung hin.

Fast schon zwei Stunden saßen die beiden Freunde beieinander, ohne jemals auf ihre Handys geschaut zu haben. Zu wichtig waren ihnen die Themen, über die sie sich unterhielten.

Ich denke, dass die Problematik der derzeitigen gesellschaftlichen Lage noch viel weiter zurückliegt, als üblicherweise angenommen, meinte Stefan abschließend, und dass wir dabei noch tiefer in die Geschichte des sogenannten christlichen Abendlandes eintauchen müssen. Aber das würde den Rahmen des heutigen Nachmittags sprengen. Ich habe Isabel nämlich versprochen, mit ihr ins Kino zu gehen, um sich einen Film über Bob Marley anzusehen.

Obwohl ich bis dato keine sehr positiven Kritiken über das Werk gehört oder gelesen habe, möchte auch ich ihn sehen, gab Herbert zur Antwort. Aber keine Angst, für heute Abend habe ich schon etwas anderes geplant, fügte er scherzend hinzu.

Am Abend, den Herbert alleine verbrachte, dachte er über die Freunde und besonders über Stefan nach. Denn er freute sich über Stefans Gedankengänge und über sein Wachstum im christlichen Glauben. Und er war sich bewusst, dass auch Isabel ihren positiven Anteil an dieser Entwicklung hatte. Herbert, der langsam in eine Art Führerrolle der Freunde hineingewachsen war, spürte, dass er sich langsam, aber sicher aus dieser Position zurückziehen sollte. Er hielt Stefan für einen geeigneten Nachfolger für diese Aufgabe, die eine Art Drehscheibe für den Freundeskreis darstellte. Dies hatte natürlich nichts damit zu tun, dass es einen Führer brauchte, der den Kurs der Gemeinschaft bestimmte, noch sollte es jemanden geben, der eine Vorrangstellung innehatte. Nein, es war nur eine Person erforderlich, die ein Auge darauf haben sollte, dass sich die Gemeinschaft der Freunde harmonisch und in gegenseitigem Respekt entwickelte. Und was das Wichtigste dabei war, diese Person musste darauf schauen, dass die Freunde Gott in ihrem Leben an die erste Stelle setzten. Herbert wollte in aller Stille Stefan langsam in seine Aufgabe einführen und ihn keinesfalls mit vielen Worten darauf vorbereiten. Er nahm sich deshalb vor, ihn öfter zu bestimmten Situationen und Themen zu Rate zu ziehen und ihn um die Erledigung kleinerer Aufgaben zu bitten. So sollte Stefan mit der Zeit in die Funktion hineinwachsen, die Herbert bis jetzt ausgefüllt hatte. Denn dieser war sich sicher, dass ein Jüngerer aus der Gruppe diese Aufgabe übernehmen sollte.

Hinabgestiegen in das Reich des Trash-TV

Wer der Meinung war, dass es schlimmer nicht kommen könnte und sich (am 27.03.2024 beim Privatsender RTL) *Die Passion* ansah, der wurde eines Besseren belehrt. Denn diese Show, die mit viel Musik und bekannten Stars live von verschiedenen Plätzen in Kassel übertragen wurde, war auch eine Leidensgeschichte für die Zuschauer. Vorbild für dieses Spektakel war eine Sendung aus den Niederlanden gleichen Namens, für die zwei kirchliche Sender mit missionarischer Ausrichtung verantwortlich zeichneten. Schon zum zweiten Mal nach 2022 ging diese Show, in der man sich die Frage stellen musste, wie verzweifelt die Kirchen eigentlich sein müssen, um nach diesem – RTL genannten – rettenden Strohhalm zu greifen, über die Bühne. Denn das Echo der Kirchen in Deutschland war durchaus ein positives, denn so viel Verblendung muss sein.

Live waren zu diesem Ereignis rund 8.000 Menschen gekommen und 2,3 Millionen Zuschauer sahen dieses Spektakel der Popkultur – als vermeintliches Sprachrohr der biblischen Botschaft – auf ihren Bildschirmen. Aber mit den neutestamentlichen Berichten hatte diese Show nur wenig zu tun. Auch wenn das Neue Testament hie und da wörtlich zitiert wurde, gab es aber weder vertonte Bibeltexte noch Reden Jesu, die uns im Neuen Testament überliefert worden sind, zu hören. Sondern als Frohbotschaft, die es natürlich auch für Que(e)rdenker und Klimakleber gab, erreichten die Zuschauer bloß moderne Popsongs. Die Geschichte Jesu wurde ins Heute verlegt, der Heiland und die Jünger trugen moderne Kleidung und trafen sich in der Dönerbude. So was darf in der heutigen Zeit natürlich nicht fehlen. Möglicherweise fiel aber so manchem Zuseher dabei gar nicht auf, dass der Messias und die übrigen Darsteller der Passionsgeschichte keine eigenen Worte und Werte mehr hatten, um auszudrücken, was die Botschaft von Jesus und seinen Jüngern so einzigartig macht. Texte und Musik von Tina Turner, Falco und Marius Müller-Westernhagen und nicht das Wort Gottes versuchten, den Zuschauern zu erklären, dass Gott Liebe ist und durch Christus am Kreuz von Golgatha die Welt mit sich selbst versöhnt hat.

Nichtssagende Worte wie *Liebe ist alles, dann wird alles gut* können aber das Wunder, dass Gott Mensch geworden ist, nicht erklären. Was soll denn ein Jesus, der mit seinen Jüngern auf E-Scootern durch Kassel düst und den Song ‚Tage wie diese‘ von den Toten Hosen grölt, den Zuschauern für eine Botschaft vermitteln? Sicher keine von der Größe und Heiligkeit Gottes, von seiner Liebe zu den Menschen, die sich am deutlichsten im Opfertod Jesu, von der die Passionsgeschichte ja berichtet, zeigt. Und sicher war dies keine Botschaft, die die Zuseher einlud, diesem Jesus sein Leben anzuvertrauen. Denn bei der Verkündigung der frohen Botschaft geht es nicht darum, bei den Menschen ein paar fromme Gefühle zu wecken oder eine religiöse Darstellung zu vermitteln, die das Herz kurzfristig erfreut. Nein, es geht um eine Botschaft, die jeden Einzelnen einlädt, sich der Liebe Gottes anzuvertrauen und Jesus als persönlichen Heiland in sein Leben zu lassen.

Denn nur so kann sichtbar werden, dass Jesus Christus der Herr der Herren und der König der Könige ist und die Welt regiert, auch wenn uns die täglichen Nachrichten oft ein anderes Bild vermitteln. Ein evangelischer Theologe meinte zu diesem Klamauk: *Als hätte Jesus am Kreuz nicht schon genug gelitten, musste er auch noch diesen Abend über sich ergehen lassen.* Erwin hatte Stefan in vielen Einzelheiten von dieser Show berichtet und dieser hatte überdeutlich klar gemacht, dass er froh war, keine kostbare Zeit mit diesem Spektakel vergeudet zu haben. Aber er wolle etwas anderes erzählen, was ihn schon seit Tagen beschäftige und in krassem Gegensatz zu diesem Produkt des Trash-TV stehe, meinte Stefan. Er berichtete Erwin von einem Artikel, den er im KURIER (30.03.2024) gelesen hatte, in dem

Hans Rauscher über die weltweite Christenverfolgung geschrieben hatte. Der Journalist erzählte von einem Gespräch, das er mit dem Vorsitzenden von ‚Christen in Not' geführt hatte. Dieser war nämlich der Meinung, dass die derzeit stattfindende Christenverfolgung größer ist als die, die es im Römischen Reich gegeben hat. Und die größte Gefährdung für die Christen, entsteht laut Meinung dieses Vorsitzenden, durch einen religiös begründeten Nationalismus.

Konkret nannte er den Nationalismus der Hindus in Indien und den der islamischen Länder wie Pakistan und Ägypten, wo die christlichen Minderheiten stark unter der Herrschaft der vom Islam geprägten Herrscher leiden. Unter vielem anderen Unrecht entsteht dort großes Leid durch die Entführung und Zwangsverheiratung christlicher Mädchen. Besonders in Pakistan werden die Christen auch unter der missbräuchlichen Verwendung des Blasphemie-Paragrafen beschuldigt, den Propheten Mohammed beleidigt zu haben. Damit setzt man sie im alltäglichen Leben vor allem wirtschaftlich unter Druck, aber dieser Paragraf ist oft auch nur ein Vorwand, um sie schuldlos ins Gefängnis zu bringen. Aber diese beiden islamischen Länder sind nicht die einzigen, in denen Christen großes Unrecht angetan wird. Denn überall, wo die Scharia die weltliche Gesetzgebung ersetzt, erfahren Christen großes Leid. Aber auch die russisch-orthodoxe Kirche, die sich mit dem Diktator Putin gegen die ukrainisch-orthodoxe Kirche verbündet hat, gehört zu den Verursachern von religiös begründeter Verfolgung. Welch große Gefahr von dem Imperialisten Putin derzeit ausgeht, erkennen die europäischen Länder erst nach und nach. Natürlich sind auch die Christen in China und Nordkorea Opfer staatlichen Terrors.

Es wäre interessant zu wissen, was sich manche Politiker denken, wenn sie den Herrschern von diesen Unrechtsstaaten die Hand geben müssen, meinte Erwin. Darauf meinte Stefan, dass er sicher einige Liter Desinfektionsmittel brauchen würde, um seine Hand, die er diesen Führern gereicht hatte, wieder sauber zu bekommen. Im Café, in dem sie dieses Gespräch geführt hatten, besprachen sie noch, wie man diesen verfolgten und misshandelten Geschwistern im Glauben helfen könnte, und Erwin meinte, dass er dieses Thema bei einem der nächsten Treffen der Freunde vorbringen werde. Da meinte Stefan weiter, dass es auch bei uns in Europa noch vor einigen Jahrhunderten blutige Christenverfolgungen gegeben hat. Denn wer sich nicht dem unbiblischem System der römisch-katholischen Kirche beugte und es sogar wagte, dagegen aufzutreten, wurde als Ketzer verfolgt und meist auch hingerichtet. Als warnendes Beispiel erzählte er einen Ausschnitt aus dem Leben des böhmischen Predigers und Reformators Jan Hus (1369 bis 1415). Diesem war durch König Sigismund zwar freies Geleit beim Konzil von Konstanz zugesagt worden, doch die Sache lief aus dem Ruder.

Denn hinterhältige Vertreter dieser Versammlung verurteilten den Kirchenkritiker trotzdem in einem Schauprozess zum Tod auf dem Scheiterhaufen. Denn Jan Hus war nicht bereit gewesen, seine Lehren, die er aus dem Geist der Bibel schöpfte, zu widerrufen. Für ihn galt die Bibel als einzige Autorität in Glaubensfragen und dies brachte ihn in Konflikt mit der damaligen Amtskirche, die sich durch eigene Lehren schon weit von der Wahrheit entfernt hatte. Denn für diese galt der Papst, der sein Amt irrtümlich auf den Apostel Petrus zurückführt, als oberste Autorität in Glaubensfragen. Aber diese Ansicht war nicht der einzige Konflikt, der den Reformator letztendlich für Rom zum Ketzer machte. Auch die Verurteilung des unbiblischen Ablasshandels machte ihn zum Feind der Kirche. Deshalb musste der Erzketzer am 06.07.1415 das Martyrium auf dem Scheiterhaufen erdulden. Die Flammen des Feuers schlugen hoch und brachen die Hymnen ab, die Hus im Todeskampf gesungen hatte, berichtete ein Zeitzeuge. Als das Feuer verbrannt war, hing der verkohlte Leichnam noch an der Kette. Die Henker zerschlugen schlussendlich seine Knochen und streuten seine Asche in den Rhein.

Kampffeld Seele (Fortsetzung)

Monika, Birgit und Herbert saßen wieder einmal im Haus der Mühlbergers zusammen. Und Bernhard erwies sich erneut als vortrefflicher Gastgeber. Nicht nur die Getränke, die er vorbereitet hatte, und die selbst zubereiteten kleinen Gaumenfreuden ließen eine entspannte Atmosphäre aufkommen, sondern auch die Dekoration des Zimmers mit Blumen. Und natürlich war auch wieder die Kartäuserkatze Puma mit dabei, als die drei sich im Wohnzimmer niederließen. Aber das Haustier ließ erst nach, sich lebhaft bemerkbar zu machen, als sie mit einigen Leckerlis zufriedengestellt worden war. Bernhard hatte sich gleich wieder zurückgezogen, nachdem er die Köstlichkeiten ins Zimmer gebracht und man ihn dafür gelobt und gedankt hatte.

Monika erklärte ihren beiden Freunden, dass sich ihre Lage seit dem letzten Gespräch nicht verbessert, sondern eher verschlechtert hatte. Denn wie in einem Film habe sie ihre Vergangenheit in Gedanken vor sich ablaufen sehen, wobei dies zu weiteren inneren Spannungen geführt hatte. Daher sei sie froh, über all diese Bilder mit ihnen sprechen zu können. Auch wenn manche Szenen darin heute gesellschaftlich akzeptabel zu sein scheinen, so weiß ich aus den Gesprächen mit euch und jenen, die ihr untereinander geführt habt, dass vieles in meinem Leben nach Gottes Maßstäben nicht in Ordnung war, sagte sie ergänzend.

Birgit und Herbert sahen einander an und fragten sich insgeheim, wer wohl die Antwort geben sollte. Als keiner der beiden mit dem ersten Satz beginnen wollte, zeigte Herbert auf Birgit, denn er hielt sie für einfühlsamer als sich selbst.

Das nennt man Schuld, begann diese und eine solche trägt jeder Mensch mit sich herum. Denn niemand kann die Maßstäbe Gottes erfüllen, wie sehr er sich auch anstrengt. Du kannst dich noch so bemühen, Monika, aber da wir in Gottes Augen nicht nur in einzelnen Punkten versagt haben, sondern schon in unserem Kern, in unserem Inneren schuldig sind, hilft unser bestes Wollen nichts, mit unserem Schöpfer ins Reine zu kommen. Da können keine wie immer gearteten religiösen Anstrengungen helfen, keine Werke wie Pilgerfahrten oder Fasten, aber auch keine äußerliche Zugehörigkeit zu einer Kirche kann die Kluft zwischen den Menschen und Gott überbrücken. Aber aus reiner Liebe hat Gott vor zweitausend Jahren seinen Sohn Jesus Christus für dich am Kreuz geopfert. *Siehe, dies ist das Lamm Gottes,* sagte schon sein Cousin Johannes der Täufer bei ihrem Zusammentreffen, bei der auch seine Jünger dabei waren, über ihn.

Und da nichts und niemand außer Jesus Christus, der Sohn Gottes, diese Trennung überwinden kann, bietet Gott dir an, ja, er bittet dich sogar, dem einzigen Retter dein ganzes Leben zu übergeben, damit er dich von deiner Schuld befreien kann. Dann wird auch der Hl. Geist in dein Herz kommen und dich von Grund auf erneuern. Die darauffolgende Umgestaltung deines Lebens wird zwar nicht von heute auf morgen geschehen, sondern sie wird ein lebenslanger Prozess bleiben, aber von tausend Schritten ist ja der erste der wichtigste, fuhr Birgit weiter fort. Danach kannst du anfangen, Gott zu bitten, die Probleme in deinem Leben zu lösen.

Wir drängen dich nicht und wir wollen dir auch keine Angst machen, sagte nun Herbert zu Monika, aber diese Entscheidung ist lebenswichtig, denn sie bestimmt darüber, wo du einmal deine Ewigkeit verbringen wirst. Da bat Monika, sich zurückziehen zu dürfen, um das Gesagte zu überdenken. Birgit führte sie in das Zimmer im Obergeschoss, in dem Isabel die erste Zeit der Gemeinschaft mit den Freunden verbracht hatte. Und irgendwie dürfte es sich eingebürgert haben, dass das Haus der Mühlbergers eine Geburtsstätte neuen christlichen Lebens ist. Denn nach mehr als eineinhalb Stunden kam Monika erschöpft, aber mit einem zufriedenen Lächeln im Gesicht langsam die Treppe vom ersten Stock herunter. Daher erübrigt sich eine weitere Erklärung über die positive Veränderung in Monikas Leben.

Lebendige Geschichte

So wie Stefan und Herbert es bei ihrem Treffen im Café nach der Hauptstadtversammlung vereinbart hatten, trafen sich die Freunde und einige Bekannte zu einem weiteren geschichtlichen Vortrag, den Stefan vorbereitet hatte. Da die Schar der Freunde immer größer und bunter wurde, hatte man das Heurigenlokal von Renate und Erwin als Ort der Zusammenkunft ausgewählt. Renate hatte dort bereits ein kleines, kaltes Buffet aufgebaut, wobei sie von Monika und Christine tatkräftig unterstützt worden war. Die Gäste, die die Gärtnerei noch nicht kannten, wurden von Erwin in den Folientunneln herumgeführt, die bereits voll mit Salat- und Kohlrabi-Jungpflanzen waren. Auch die erste Radieschen-Ernte stand bereits kurz bevor. Auf die Fragen, die die Besucher an Erwin richteten, gab der Gärtner knappe, aber ausreichende Erläuterungen. Gegen vierzehn Uhr hatten sich alle Gäste im Lokal eingefunden, wo sie mit einem Glas Wein oder mit Traubensaft begrüßt wurden. Stefan, der an einem Tisch saß, um den sich die Zuhörer bereits gruppiert hatten, blätterte aufgeregt in seinen Unterlagen und sah sich mehrmals im Raum um. Es war zwar bereits das zweite Mal, dass er vor einem Publikum sprach und es sollte auch nicht das letzte Mal sein, aber trotzdem spürte er eine leichte Unruhe in seinem Innern. Isabel brachte ihm daher ein Glas und einen Krug mit Wasser. Nachdem er getrunken hatte, begann Stefan nach einigem Räuspern:

Ich habe mir überlegt, wo ich mit meinem Vortrag beginnen soll. Zum Einstieg habe ich mich für das Jahrhundert entschieden, in dem das Christentum erstmals nach Europa kam. Bereits in der Apostelgeschichte lesen wir, dass der Apostel Paulus im ersten Jahrhundert auf einer seiner Missionsreisen in der Stadt Philippi auf die Purpurhändlerin Lydia und einige Frauen, die am Ufer eines Flusses zum Beten zusammengekommen waren, traf und ihnen die frohe Botschaft von Jesus Christus verkündete. Die Purpurhändlerin nahm die Botschaft von der Vergebung ihrer Sünden an, ließ sich mit ihrem ganzen Haus – das heißt mit ihrer Familie und den Hausangestellten – taufen und lud den Apostel Paulus und seine Begleiter in ihr Heim ein. Über die ersten Jahrzehnte des Christentums in Europa wissen wir nicht allzu viel, außer, dass das Christentum im Römischen Reich keine geduldete Religion war. Die Römer, die ihre vielen Götter alle als gleichwertig ansahen, mussten auch ihren Kaisern huldigen und ihnen Verehrung und Opfer darbringen. Dies brachte die Christen, die niemanden anders als Jesus Christus als ihren Herrn anerkannten, in große Bedrängnis, die dann oftmals in grausamen Verfolgungen endete.

Es war dies eine Zeit, in der die Christen keine eigenen Kirchen als Versammlungsräume hatten, sondern sich in Privathäusern trafen und es noch keine Priester gab, die mit ihrer sakramentalen Vorstellungsweise und falschen Lehren das neutestamentliche Christentum verfälschten. Während auf der einen Seite unter Kaiser Konstantin das Christentum geduldet und schließlich danach zur Staatsreligion wurde, entfernte es sich aber auf der anderen Seite immer mehr von den Lehren Christi und seiner Apostel. Damals entstand ein Amtschristentum, dessen Führer immer mehr auch nach weltlicher Macht strebten. Dabei gewöhnten sich die Christen nicht nur an einen unübertroffenen Mechanismus der Kirche, bei dem Zahnrad in Zahnrad der geölten Maschinerie griff, sondern die Menschen duldeten auch noch die unbiblische Tätigkeit ihrer Diener und förderten sie durch ihre Passivität. Gleichzeitig begann die Christenheit damals, um Anerkennung und Einfluss in der Welt zu buhlen.

Die größten Auswüchse dieses falsch verstandenen und falsch gelebten Christentums gab es dann im Mittelalter, wo der Papst oftmals mächtiger als der Kaiser war und der Ablasshandel blühte. Denn man meinte zu dieser Zeit, dass man sich durch Zahlungen an die Kirche von seinen Sünden loskaufen könne, ohne dabei sein Leben ändern zu müssen. In diese Zeit fällt auch der Versuch des Philosophen und Dominikanermönches Thomas von Aquin, die Lehren des Aristoteles mit den Lehren des Neuen Testamentes zu verbinden. Dadurch floss neuerlich unbiblisches, heidnisches Denken in die Lehren der Kirche ein. Auch war es bereits vorher durch die Trennung in das weströmische – das danach in weiterer Folge unterging – und in das oströmische Reich zu einer Spaltung innerhalb der Kirche gekommen. Trotz all dieser widrigen Umstände herrschte in den Ländern, die das Christentum angenommen hatten, ein Konsens über biblische Werte, wie die Zehn Gebote, und es gab zumindest einen nach außen hin nach christlichen Werten geführten Lebenswandel, der in den Lehren der Bibel ansatzweise seinen Ursprung hatte.

Die Antwort auf dieses nicht mehr ursprüngliche und in seinen Proportionen verschobene Christentum kam durch die Reformation, die auf drei Säulen ruhte: Der erste dieser Eckpfeiler bedeutete, dass der Mensch alles Wichtige über Gott, seine Erlösung und die Gemeinschaft mit ihm nur in der Bibel erfahren konnte und diese seine Grundlage und Norm für ein christliches Leben war. Daher konnte man auf die Aussagen der Päpste, die sich für unfehlbar hielten, und auf die Lehren, die erst später in den Kanon der Kirche eingeflossen waren, als Maßstab für ein christliches Leben verzichten. Deshalb wurde auch die Bibel in die deutsche Sprache übersetzt, damit sie von jedermann gelesen werden konnte und niemand von Priestern und Gelehrten abhängig war. Der zweite Pfeiler war, dass der Mensch allein durch den Glauben an Jesus Christus gerettet wird und es sonst nichts und niemanden gibt, wodurch ein Mensch Gemeinschaft mit dem lebendigen Gott erfahren kann: keine Kirche, keine Maria und keine Heiligen. Und die dritte Säule war, dass der gefallene Mensch nur durch die Gnade allein gerettet werden kann und alle Werke, alles Mühen und Spenden für die Kirche umsonst sind.

Dies gefiel natürlich der Kirche in keiner Weise, deren System ja von den finanziellen Zuwendungen der Menschen abhängig war. Und so wie es in allen Religionen üblich ist, war es auch hier die Priesterkaste, die mit ihren Lehren und Handlungen die Menschen abhängig und gefügig gemacht hatte. Deshalb kam es in weiterer Folge zu der brutalen und grausamen Maßnahme der Gegenreformation, durch die sich die Kirche neuerlich ihre Macht über die Menschen sicherte. Aber auch hier, betonte Stefan, waren es immer noch christliche Werte, die die Gesellschaft oberflächlich prägten.

Danach machte der sichtlich noch immer aufgeregte Redner mit folgenden Worten eine Unterbrechung: In der Pause sind alle zu einer kleinen Stärkung eingeladen, sagte Stefan, und nach zwanzig Minuten geht es wieder weiter.

Die Freunde und Gäste nutzten diese Gelegenheit, die verschiedenen köstlichen Speisen wie Wurst, Käse und Speck samt Brot zu kosten und ihren Durst zu stillen. Nach einer Viertelstunde läutete Renate mit einer kleinen Weihnachtsglocke, um das nahende Ende der Pause anzukündigen. Als nach wenigen Minuten wieder Ruhe eingekehrt war, begann Stefan den zweiten Teil seines Vortrags, indem er von der Kirchengeschichte zur allgemeinen Geschichte Europas der letzten Jahrhunderte überging.

Aber mit dem Zeitalter der Aufklärung sollte alles anders werden, führte Stefan seine Abhandlung fort. Diese Philosophie oder Denkrichtung, die Ende des siebzehnten Jahrhunderts begann, erklärte die Vernunft des Menschen, also seine Rationalität und ihren richtigen Gebrauch, zum Maßstab allen Handelns. Was gut oder böse und richtig oder falsch war, entschied der Mensch nach seinen eigenen Vorstellungen. Die Philosophie des Humanismus, der aus der Renaissance heraus entstanden war, wurde in der Aufklärung fortgeführt. Besonders die Religion und die weltliche Herrschaft wurden in dieser Epoche hinterfragt. Dagegen wurde der Mensch mit seinen Gaben und gestalterischen Fähigkeiten in den Mittelpunkt des allgemeinen Interesses gerückt. Ziel des Humanismus war es, den Menschen selbst zu verbessern, wobei ein Ideal des Menschen als Vorbild diente.

Der Mensch wurde in diesem Abschnitt der Geschichte in den Mittelpunkt der Forschung und des Weltgeschehens gestellt. Damit läutete dieses Menschenbild des Humanismus den Umbruch des Mittelalters in die Neuzeit ein. Seine Blütezeit hatte diese Epoche im 15. und 16. Jahrhundert nach Christus.

Die wichtigsten Vertreter des Zeitalters der Aufklärung, das danach kam, waren René Descartes, Immanuel Kant und Jean-Jacques Rousseau. Die Werke dieser Philosophen richteten sich gegen Aberglauben, Vorurteile und Willkürherrschaft, aber letztendlich auch gegen den biblischen Glauben, der ihrer Meinung nach nicht mit der Vernunft des Menschen vereinbar war. Denn nur diese sollte der Maßstab alles Erkennens und Handelns sein. Nur, was mit dem Verstand begründ- und beweisbar war, wurde zur Richtschnur des eigenen Verhaltens. Emanzipation, Bildung, Bürger- und allgemeine Menschenrechte waren die Themen dieser Zeit. Der Glaube und die Offenbarung von Werten außerhalb des Verstandes und der Erkenntnis des als absolut betrachteten Menschen – also ein Gott, der zu den Menschen gesprochen hat – waren damit obsolet geworden. Damit veränderte diese Philosophie grundlegend die Struktur der Gesellschaft und das öffentliche Leben. Eine schlüssige Antwort auf die Frage, worauf all diese Natur- und Menschenrechte basierten, musste man natürlich schuldig bleiben. Besonderen Ausdruck fanden diese Vorstellungen in der Französischen Revolution. Diese setzte einen großen politischen und sozialen Umwälzungsprozess in Gang, der bis in die Gegenwart andauert. Aber es wäre, so folgerte Stefan weiter, nicht korrekt, nur die positiven Aspekte dieser Revolution in Betracht zu ziehen, ohne die negativen Auswüchse zu benennen. Ohne ins Detail zu gehen, meinte er, nenne ich nur den Namen Robespierre und die Erkenntnis, dass die Revolution ihre eigenen Kinder frisst.

Nach einer kleinen, wirklich kurzen Pause meinte der Redner dann, dass natürlich die Vernunft ebenso wie der Wille und die Gefühle zu einer menschlichen Persönlichkeit gehören. Denn ohne diese wäre keine Wissenschaft oder ein geordnetes Zusammenleben einer Gesellschaft möglich. Dadurch wären auch die Erkenntnisse der Wissenschaften und die moderne Technik nicht möglich, die das alltägliche Leben erleichtert und die es den Menschen ermöglicht, sich unabhängiger von der Natur zu machen. Denn diese ist entgegen der Meinung des derzeitigen Zeitgeistes auch manchmal ein Feind des Menschen. Denn die überaus naive Vorstellung so mancher Zeitgenossen, dass die Natur ohne den Menschen ein Paradies wäre, hat sich tief in das Denken Europas und der übrigen zivilisierten Welt eingeschlichen. Aber so war es jenseits von Eden, das heißt nach dem historischen Sündenfall, nie und so wird es auch auf dieser Erde nie sein. Die Vernunft kann den Menschen aber zu guten und sinnvollen Entscheidungen führen und auch ein Schriftsteller kann nur einen verständlichen Roman schreiben, wenn er den Gesetzen der Vernunft folgt. Aber diese kann niemals der sittliche und ethische Maßstab für ein gedeihliches Zusammenleben sein.

Ich will daher aus den bereits zuvor genannten Philosophen einen dieser Denker exemplarisch herausgreifen, um zu verdeutlichen, was ich mit meinen Ausführungen gemeint habe. Das Los ist dabei auf Immanuel Kant aus Königsberg (heute Kaliningrad) gefallen, dessen dreihundertsten Geburtstag man heuer gefeiert hat. Obwohl er selbst niemals aus seiner Stadt herauskam, haben sich seine Lehren weit verbreitet. Er war zwar der Meinung, dass die menschliche Vernunft die Fragen nach Gott, der Seele und dem Anfang dieser Welt nicht beantworten kann, trotzdem war er der Auffassung, dass die Menschen sich von Anleitungen, die von außen kommen – z. B. die Gebote Gottes, die er als abendländischer Denker sehr wohl kannte –, lösen sollten. Dafür erklärte er die Vernunft des Menschen und ihren richtigen Gebrauch zum Maßstab des Handelns. Trotz dieser kritischen Auseinandersetzung mit dem Gott des Alten und des Neuen Testaments, blieb ihm aber nichts anderes übrig, als einen Urheber dieser Welt anzunehmen, damit er überhaupt eine Grundlage für seinen ‚Kategorischen Imperativ' finden konnte. Denn dieser besagt: *Handle nur nach derjenigen Maxime, durch die du zugleich wollen kannst, dass sie ein allgemeines Gesetz werde.*

Dieses Prinzip sollte natürlich auch für die politische Verantwortung gelten, die sich nach der Meinung des Philosophen immer nach der Sittlichkeit richten sollte. Leider blieb Kant aber die Antwort schuldig, nach welchen Maßstäben sich diese Sittlichkeit auszurichten hat. Denn Menschen aus verschiedenen Kulturkreisen und sozialen Schichten haben oft eine andere Vorstellung, wie Moral und Ethik auszusehen haben. Dieses Dilemma lässt sich natürlich nicht vermeiden, wenn es keine absoluten Normen und Maßstäbe gibt. In diese Zwickmühle kommt man auch, wenn man sich auf Menschen-, Kinder- oder Frauenrechte oder sonst irgendwelche Rechte beruft. Diese Rechte können aber immer nur von Menschen, die sich dann auf sogenannte Naturrechte berufen, geltend gemacht werden. Aber auch dabei stellt sich immer wieder die grundlegende Frage, wie man den Ursprung und Inhalt dieser Gesetze objektiv bestimmen kann. Und wie diese aussehen sollen, wenn es keinen absoluten Maßstab gibt, nach denen diese beurteilt werden können, muss auch für immer ein Geheimnis bleiben.

Diese Veränderungen im geistigen Denken betrafen natürlich auch das künstlerische Schaffen. So ist etwa der Klassizismus Ausdruck dieses neuen Geistes. Denn man glaubte, in den Werken der griechischen Klassik das ewig Gültige an Schönheit, Einfachheit und Rationalität gefunden zu haben. Das vorherrschende religiöse Weltbild, auch wenn es zeitweise nicht mehr der offenbarten Wahrheit entsprach, wurde in dieser von den neuen Vorstellungen geprägten Zeit von einem naturwissenschaftlich geprägten Weltbild abgelöst, in dem der Mensch unter anderem nur noch ein höher entwickeltes Tier und nicht mehr die Krone der Schöpfung – wenn auch einer gefallenen und durch das Böse der Vergänglichkeit unterworfenen – war. Damit erfolgte die vollkommene Hinwendung der Gesellschaft auf das Diesseits, die durch einen starken Fortschrittsglauben beflügelt wurde. Der Mensch erschuf sich daher seine eigenen gesellschaftlichen Werte und Normen und entschied damit selbst, was gut oder böse ist und wie ein gedeihliches Zusammenleben auszusehen hat.

Der autonome Mensch war damit zum Maß aller Dinge geworden. Seine von der Vernunft erkannten Werte und Vorstellungen prägten von da an die Gesellschaft bis in die heutige Zeit hinein. Und wie unsere Gesellschaft heute mit ihren drückenden Problemen, dem Bösen und ihrer Sicht auf die Zukunft, aussieht, erleben wir tagtäglich hautnah. Denn diese hauptsächlich negativen Ereignisse füllen eine Menge von Zeitungsseiten, sodass *only bad news good news* sind. Herbert, Bernhard und ich, wir haben uns schon nächtelang über die positiven, aber auch schlechten Entwicklungen unterhalten und sind zu dem Ergebnis gekommen, dass das Grundübel für all die negativen gesellschaftlichen Entwicklungen in einem falschen Menschenbild liegt. Denn der Mensch ist von Natur aus nicht *edel, hilfreich und gut,* so wie das Zeitalter der Romantik den Anspruch erhob. Diese Lebenseinstellung war als Gegenbewegung zur Philosophie der Aufklärung entstanden, meinte Stefan.

Sondern der Mensch neigt von Natur aus zum Bösen und auch wenn diese böse innere Grundeinstellung durch die Gesetze und die gesellschaftlichen Spielregeln teilweise in Zaum gehalten werden kann, so belehren uns doch die Geschichte der Menschheit und das tägliche Geschehen in dieser Welt eines Besseren. Unsere Gesellschaft krankt heute noch an den Gedanken und Ideen der Aufklärung und der Romantik, kam Stefan langsam zum Schluss. Und die Spannung zwischen diesen beiden Weltanschauungen, die unsere Gesellschaft prägen, lässt den Menschen ziel- und planlos auf unserem Planeten herumirren. Denn allein durch die Vernunft wird er die großen Fragen des Lebens, des Woher und des Wohin, seines Ziels und des Sinns seiner Existenz nicht wirklich beantworten können. Was bleibt sind Scheinziele, pseudoreligiöse Lebensmodelle und unbeantwortete Fragen des Nachher. Wohin die Reise geht, diese grundlegende Frage bleibt unbeantwortet, wenn die Vernunft der einzige Maßstab der menschlichen Existenz ist. Damit entließ Stefan seine Zuhörer für weiterführende, klärende Gespräche, mit denen er aus Erfahrung rechnete. Aber vorher beantworteten vor allem Isabel und er noch die zahlreichen Fragen, die von den Gästen gestellt wurden.

Reise ins Ungewisse

Durch das Land der Skipetaren nannte Karl May den fünften Band einer sechsteiligen Reihe, in der Kara ben Nemsi, sein treuer Diener Hadschi Halef Omar und ihre Weggefährten weiterhin jene Verbrecher jagten, denen sie bereits in den vorangegangenen Bänden begegnet waren und sich noch zusätzlich gegen die beiden Aladschys als neue Feinde behaupten mussten. Diese Brüder sollten nämlich im Auftrag des Schut, der im letzten Band der Reihe ein schreckliches Ende findet, Kara ben Nemsi und seine Gefährten töten. Als *eine Reise ins Ungewisse* bezeichneten aber auch die Freunde ihre Fahrt nach Albanien, zu der sie aufgebrochen waren. Monika und Peter hatten beschlossen, den Reisegutschein, den Peter zu seinem sechzigsten Geburtstag bekommen hatte, für eine Reise in dieses noch ziemlich unbekannte Land zu verwenden. In den letzten Jahren jedoch hatte dieser Staat an Bedeutung als Urlaubsziel gewonnen, da es sich an den Sand- und Kiesstränden der etwa 370 Kilometer langen Küste des adriatischen und ionischen Meeres herrlich und vor allem günstig urlauben lässt. Aber deswegen hatten sich Isabel und Stefan sowie Christine und Herbert dem Paar nicht angeschlossen, sondern sie wollten gemeinsam das Land, und vor allem den Süden Albaniens, erkunden.

Das Land mit seiner Hauptstadt Tirana ist ungefähr 29.000 Quadratkilometer groß und es leben dort rund 2,9 Millionen Inlandsalbaner. Eine ebenso große Anzahl an Staatsbürgern soll im Ausland leben. Obwohl Albanien trotz aller Fortschritte noch immer zu den ärmeren Ländern Europas gehört, wurden nach dem Ende der kommunistischen Diktatur unter dem machtgierigen Despoten Enver Hodscha bedeutende Schritte zur Verbesserung der sozialen und wirtschaftlichen Lage gemacht. Lediglich die gesundheitliche Versorgung – so erklärte der Reiseleiter auf ihrer Fahrt – hinke stark hinterher. Teilweise liegt die Ursache für die eher schleppende Entwicklung in der Korruption und dem organisierten Verbrechen. Die Korruption wird zwar stark in den politischen Reden und bei Demonstrationen, bei denen es manchmal zu gewalttätigen Auseinandersetzungen kommt, angeprangert, lässt sich aber nur schwer ausrotten. Daher ist es für Urlauber ratsam, sich von solchen Demonstrationen, die die Freunde persönlich erlebt hatten, und von ähnlichen größeren Menschenansammlungen fernzuhalten.

Von Wien Schwechat ging es mit dem Flugzeug in die kroatische Stadt Dubrovnik, von wo aus der Bus die kleine Reisegruppe über Montenegro nach Albanien brachte. Mit der kleinen Gruppe von sechs Personen, die bereits eine Woche in diesem Land verbracht hatte, bestand die gesamte Gruppe nunmehr aus achtzehn Personen, das heißt unsere Freunde machten bereits ein Drittel der Reisenden aus. Zwischen höheren Bergen mit Mischwäldern ging es an die Grenze zu Montenegro, wo die Passkontrolle einige Zeit in Anspruch nahm. Gleich nach der Grenze stieg Anja, die Reiseleiterin, die die Gruppe in Montenegro begleiten sollte, in den Bus. Nachdem sie sich kurz vorgestellt hatte, begann sie über das Land und ihre Bewohner zu berichten. Nachdem der Bus die Berge überwunden hatte, ging es dann an die Küste mit ihrer typisch südländischen Vegetation. Feigen- und Olivenhaine wurden von großen, herrlich blühenden Oleanderbüschen und Zypressen durchbrochen. Die Bucht wurde durch Berge begrenzt, deren Kalksteinfelsen zeitweise an der Oberfläche sichtbar waren. Im Meer sah man Muschelzuchtfarmen, deren Produkte auf Fischmärkten angeboten werden, erzählte Anja.

Die erste Stadt, die sie erreichten, war Kotor, deren Altstadt sie besuchten. In den engen, verwinkelten Gassen bestaunten sie die mittelalterlichen Häuser und die romanischen Kirchen. Bei einer davon machten sie halt und besuchten das Innere der Kirche. In der Altstadt besuchten sie auch ein Schifffahrtsmuseum, das die Geschichte der Seefahrt von Kotor erzählt. Auf der kleinen Insel Sveti Dorde sahen sie danach vor der antiken

Stadt Perast eine jahrhundertalte Kirche, die natürlich unzählige Male fotografiert werden musste. Weiter ging es über Budva entlang des Meeres. Die Vegetation wurde karger und nur wenige Zypressen und Kiefern ragten aus dem dominierenden Buschwerk. Nach der ersten Übernachtung ging es weiter entlang der Küste, wobei sich die Vegetation kaum veränderte. Vor der Küste sahen die Reisenden einige vorgelagerte Inseln, bis danach die Berge höher wurden und die Reiseroute vom Meer wegführte. Der Bus fuhr nun durch den albanischen Teil Montenegros, der etwas flacher war und in dem viele Olivenbäume zu sehen waren. Am späten Vormittag erreichte die Reisegruppe die albanische Grenze. Dort stieg Selena, die neue Reiseleiterin, zu.

Sie erklärte, dass die vielen Moscheen, die nun in der mediterranen Landschaft zu sehen waren, im 20. Jahrhundert mit türkischem und iranischem Geld erbaut worden waren. Danach begann sie von der Geschichte Albaniens zu erzählen. Über die Stein-, Kupfer- und Eisenzeit ging sie schnell hinweg und begann ihre Erläuterung mit der Geschichte der Illyrer, die in der Antike das Gebiet des heutigen Albaniens besiedelten. Ab dem sechsten Jahrhundert vor Christus entstanden vor der albanischen Küste griechische Kolonien. So begannen zum Beispiel die Städte Apollonia und Durres als Gründungen griechischer Kolonisten, die manchmal nur kleine Gruppen bildeten und die mit der einheimischen Bevölkerung Kontakt aufnahmen und Handel trieben. Die Ausgrabungen dieser beiden Städte besuchte die Reisegruppe während ihrer Fahrt. Im fünften Jahrhundert gab es danach kurzlebige Reiche illyrischer Stammesfürsten, die mit ihrer Flotte den Handel Roms gefährdeten. Diesen Umstand nahmen die Römer zum Anlass, sich bis nach Illyrien auszudehnen. Im dritten Jahrhundert gab es zwei Römisch-Illyrische Kriege, wobei die Integration Illyriens in das Römische Reich erst unter Kaiser Augustus (30 v. Chr. bis 14 n. Chr.) abgeschlossen wurde.

Weiterhin erklärte die Reiseleiterin nach einem kurzen Halt an einer Tankstelle, wo sich die Reisenden mit Proviant versorgen konnten, dass das Christentum schon sehr früh nach Albanien gekommen war, wobei Herbert auf die Apostelgeschichte verwies, in der berichtet wird, dass schon der Apostel Paulus das Evangelium bis nach Illyrien gebracht hat. Wie auf einen inneren Wink Herberts hin, erzählte die Reiseleiterin weiter, dass Sakralbauten aber erst ab dem vierten Jahrhundert nachgewiesen werden können. Als Ende des vierten Jahrhunderts das Römische Reich in eine westliche und eine östliche Hälfte geteilt wurde, fiel der nördliche Teil Albaniens an das Westreich (Rom) und der südliche Teil an das Ostreich (Byzanz). Daher auch noch heute die konfessionelle Teilung in die römisch-katholische und orthodoxe Kirche, die sich beide aber schon zu dieser Zeit vom ursprünglichen Evangelium entfernt hatten, wie Stefan leise anmerkte.

Weiter führte die Reise nach Shkodra, der nördlichsten Stadt des Landes. Nach der Stadtbesichtigung brachte sie die Reiseleiterin zu einer Wechselstube, wo die Reisenden ihre Euro in die albanische Währung Lek umtauschen konnten. Für einen Euro bekamen sie hundert Lek, sodass sie die Preise leicht umrechnen konnten. Danach ging es weiter nach Kruja, der Stadt des Nationalhelden Skanderbek. Auf dem Weg zur Festung und des Nationalmuseums öffnete der Himmel seine Schleusen und ein heftiger Regenguss durchnässte die Reisenden auf den letzten Metern zur Festung. Auch auf dem Rückweg änderte sich die Wetterlage kaum. Wieder beim Bus angekommen, musste Herbert seine Hose und sein T-Shirt wechseln, da diese total durchnässt waren. Denjenigen der Gruppe, die sich eine Regenjacke mitgenommen hatten, erging es natürlich besser. Danach ging es weiter zur Hauptstadt Tirana, wo sie auf der Fahrt dorthin die ersten der rund zweihunderttausend kleinen Bunker, die oft nur zwei Männern Platz boten und aus der Zeit des Diktators Enver Hodscha stammten, sahen. Denn so sah die böse und die Menschen unterdrückende Ideologie des Kommunismus aus, die die Bürger zur Treue motivierte, indem sie einen äußeren, wenn auch oft imaginären Feind schuf. Wer dies verstehen will, der lese das Buch *Die Farm der Tiere* von George Orwell, in dem der Autor das Wesen dieser bösen Ideologie in bildhafter und verschlüsselter Form beschreibt.

Das Hotel *Dinasty* in Tirana war im k.u.k. Stil eingerichtet. Natürlich waren die Möbel nur nachgemacht und nicht original und irgendwie wirkte das Hotelzimmer einfach und schlicht, so wie es auch das Abendessen und das Frühstück waren. Irgendwie schien noch ein Hauch des Kommunismus über dem ganzen Hotel zu schweben. Gleich nach dem Frühstück gab es eine Überraschung, da die Reisegruppe einen neuen Reiseleiter bekam. Warum Selena ausgetauscht worden war, blieb trotz Befragung der Verantwortlichen, dem Busfahrer und dem Chef des Reisebüros, der sich mit seiner Frau auch an Bord des Busses befand, im Dunkeln. Eno, der neue Reiseleiter, zeigte den Reisenden die Hauptstadt, die erst 1924 dazu ernannt worden war. Die Gebäude der Hauptstadt haben ihre farbenfrohe Architektur aus der osmanischen, faschistischen und sowjetischen Zeit, wobei sich wunderschöne Neubauten mit abgewirtschafteten Häusern aus der Zeit des Diktators abwechselten. Einige neue große Wohnblocks waren nicht weitergebaut und vollendet worden, da den Bauherren das Geld ausgegangen war. Viele dieser Bauträger stammen aus Russland, das derzeit sehr wohl unter den Sanktionen leidet; auch wenn es manchmal heißt, dass Sanktionen bloß der moralischen Beruhigung dienen, wenn man nicht willens ist, harte und wirksame Mittel anzuwenden.

Der Reiseleiter führte die Gruppe zu den pastellfarbenen Gebäuden, die den Skanderbeg-Platz säumten. Dieser ist nach der Reiterstatue des albanischen Nationalhelden benannt. Am nördlichen Ende dieses Platzes befindet sich das Historische Nationalmuseum, wo die Reisenden Objekte aus der Vorzeit Albaniens bis zu den antikommunistischen Aufständen der 1990er-Jahre bestaunen konnten. Anschließend führte der Reiseleiter die Gruppe zur Pyramide von Tirana, zum Stadion mit seinem wunderschönen Turm und zur Ethem-Bey-Moschee. Danach brach die Reisegruppe müde nach Berat auf. Zwischendurch aßen sie in einem Restaurant zu Mittag. Von Beginn an ließen sich die Kellner lange Zeit, bis sie die Bestellungen der Gäste aufnahmen. Hätten nicht der Busfahrer, der fließend Albanisch sprach und aus dem Kosovo stammte, und der Chef des Reisebüros gehörig Druck gemacht, vielleicht säße die Reisegruppe noch heute wartend in diesem Restaurant. Herbert meinte, dass Speedy Gonzales in Tränen ausgebrochen wäre, hätte er die langsamen Bewegungen des Personals gesehen. Und wieder spürte er den Hauch des Kommunismus über diesem Land schweben.

Die Zeit, bis die Speisen gebracht wurden, nutzte Eno, um weiter über die Geschichte Albaniens zu erzählen. Nach der Teilung des Römischen Reiches kam Albanien unter byzantinische Herrschaft. Ende des sechsten Jahrhunderts drangen die Slawen vom Norden her vor und plünderten den Balkan. Vom neunten bis zum elften Jahrhundert waren Mittel- und Südalbanien Teil des Bulgarischen Reiches. Nach einer wechselhaften Zeit konnten fremde Mächte wie Venedig, Neapel und Serbien kurzfristig Fuß in Albanien fassen. Auch gab es zwischendurch Zeiten, in denen albanische Herrscher regierten. Im 15. Jahrhundert führte der Fürst von Kruja, Skanderbeg, einen Abwehrkampf gegen die Osmanen. Nach seinem Tod unterlag das albanische Heer und das Land kam mehr als vier Jahrhunderte unter osmanische Herrschaft. In dieser Zeit traten viele Albaner zum Islam über. Erst im Jahr 1912 wurde die albanische Unabhängigkeit ausgerufen. 1928 rief sich der autoritäre Herrscher Ahmet Zogu zum König von Albanien aus. In weiterer Folge übte das faschistische Italien großen Einfluss auf Albanien aus, das dann 1943 von Italien besetzt wurde. Darauf folgte die Herrschaft der Nazis. Durch einen Partisanenkrieg wurde die Wehrmacht 1944 aus Albanien vertrieben. Dies nutzte Enver Hodscha, der Führer der kommunistischen Partei, um eine Diktatur, die sozialistische Volksrepublik Albanien genannt wurde, zu errichten. Albanien war das letzte Land, in dem die kommunistische Einparteienregierung fiel. Der Transformationsprozess verlief zunächst nur schleppend und 1991 gab es die ersten freien Wahlen. Reformen wurden durchgeführt und dauern noch bis heute an. Trotz allem ist es zu einer Demokratie westlicher Prägung noch ein weiter Weg.

Während Eno seine Ausführungen beendete, wurden die Speisen, die vorzüglich schmeckten, gebracht. Christine und Herbert aßen gemeinsam eine Pizza, die übrigen der Freunde Garnelen. Nachdem alle fertig waren, brach die Gruppe nach Berat, das auch ‚Stadt der tausend Fenster‘ genannt wird, auf. Diese Stadt liegt am Fluss Osum und wurde 1961 zur Museumsstadt erklärt und steht unter besonderem Schutz der UNESCO. In einem Stadtteil stehen die typischen weißen Häuser, wo angeblich 1001 Fenster gezählt werden. Diese Zahl ergibt sich aber aus einem sprachlichen Missverständnis. Zudem ist Berat für seine vielen Kirchen und Moscheen berühmt. 1943, in der Besatzungszeit durch die deutsche Wehrmacht, wurden alle 600 Juden der Stadt von ihren christlichen und muslimischen Nachbarn aufgenommen und als Verwandte ausgegeben. Somit konnten sie vor der verbrecherischen Endlösung gerettet werden. 1944 vertrieben die Partisanen die deutschen Truppen, aber Berat kam vom Regen in die Traufe, als eine *demokratische (?) Regierung* unter Enver Hodscha als Ministerpräsident gebildet wurde. Danach fuhr die Reisegruppe schnell zum Hotel, um dort die Nacht zu verbringen.

Nach einem üppigen Frühstücksbüffet ging es am nächsten Morgen zu den antiken Ausgrabungen nach Appolonia, die aus dem 6. Jahrhundert vor Christus stammen. Diese Stadt wurde im Zuge der griechischen Kolonisation von Siedlern aus Korinth gegründet und fiel später unter römische Herrschaft. Apollonia ist natürlich nach dem griechischen Gott Apollon benannt. Einer Schätzung nach lebten innerhalb der Stadtmauern rund 60.000 Menschen. Zu den wichtigsten Bauwerken dieser Stadt zählen das Buleuterion, die Bibliothek, das Theater, das Gymnasion und die große Stoa. Apollonia gilt daher als die wichtigste Ausgrabungsstätte des Landes. Die Hafenstadt Vlora, die das nächste Ziel der Reisegruppe war, liegt an der Straße von Otranto, der Meerenge zwischen Adria und ionischem Meer. Dort gibt es ergiebige *Salzseen*, die für die Gewinnung von Meersalz verwendet werden. In die Becken wird Salzwasser, das man verdampfen lässt, eingeleitet. Danach wird das Meersalz mechanisch abgebaut. Die Strände in Stadtnähe sind natürlich beliebte Ziele der Touristen. 1912 erklärte sich Albanien in dieser Stadt unabhängig vom osmanischen Reich und Vlora war für kurze Zeit Hauptstadt des neuen Staates. Bei der Führung durch die Stadt setzte wieder – wie schon am Vortag – ein heftiger Regen ein, der die Besucher zwang, sich unter dem Dach des Platzes der Unabhängigkeit unterzustellen. Da für eine längere Zeit nicht mit einem Ende des heftigen Wolkenbruchs zu rechnen war, nutzte der Reiseleiter auch diesmal die Unterbrechung, der Reisegruppe Albanien näherzubringen und sprach über die Geografie des Landes.

Albanien liegt auf der Westhälfte der Balkanhalbinsel. Umgeben ist es von Montenegro, Kosovo, Nordmazedonien und Griechenland. Da das Land in einer tektonischen Zone liegt, sind immer wieder schwere Erdbeben aufgetreten. Im Norden des Landes befinden sich die Albanischen Alpen. Weiterhin gibt es das zentrale Bergland, zu dem alle südlich angrenzenden Berge bis zur griechischen Grenze gehören. Das südliche Bergland umfasst den gebirgigen Süden mit der Küste des ionischen Meeres, dem Tal des Drino und dem Unterlauf des Osum. Die vierte Großregion ist die Küstenebene mit dem angrenzenden Hügelland. Ein Drittel des Landes ist von Bergen, Hügelland und Hochgebirge geprägt. Die Albanischen Alpen bestehen aus stark verkarsteten Bergen und tiefen Schluchten. Im Landesinneren herrscht kontinentales Klima, während man an der Küste Mittelmeerklima vorfindet. Daher gedeihen dort Palmen, Zitronen-, Oliven- und Orangenbäume. In den etwas höheren Gebieten findet man Tannen, Buchen sowie Eichen und Kiefern. Mehr als ein Drittel von Albanien besteht aus Wäldern. Die fruchtbaren Teile der Küstenebenen sind durchweg von Agrarflächen bedeckt, wobei es in dem Land keine Großbauern gibt. Viele Menschen besitzen ein kleines Stück Land, auf dem sie verschiedene landwirtschaftliche Kulturen anbauen: Mais, Weingärten, Feigenbäume, Olivenhaine und Obstbäume, jeweils auf kleinen Flächen und bunt durcheinandergewürfelt. In vielen Teilen des Landes findet man auch Gemüseanbau in Folientunneln, in denen Gurken, Paprika, Tomaten und Auberginen kultiviert werden. Daher ist Albanien landwirtschaftlich autark und braucht nur Exoten wie Bananen einzuführen.

Zwischen Vlora und Saranda, wo die Reisenden dann zwei Nächte verbrachten, gab es wieder eine kurze Mittagspause. Danach musste der Bus wieder ein Stück zurückfahren, da auf der Strecke, die der Busfahrer gewählt hatte, ein schwerer Unfall passiert und die Straße daher nicht befahrbar war. Daher musste der Busfahrer auf eine andere Route ausweichen. Als die Reisegruppe im Hotel ankam und die Gäste ihre Hotelzimmer bezogen hatten, setzte sich Herbert in einen Sessel auf dem Balkon und las in seinem Neuen Testament zwei Kapitel aus dem zweiten Korintherbrief. Nach dem Gebet lauschte er der Jazzmusik mit ihren kräftigen Trompetentönen und der kehligen Stimme einer Sängerin. Die Musik drang aus jenem Teil der Hotelanlage herauf, in dem sich die Liegen und die Sonnenschirme, die aus einem natürlichen Material gefertigt waren, befanden. Auf der anderen Seite des Meeres erblickte Herbert die Insel Korfu, die er schon vor einigen Jahren besucht hatte. Christine, der diese Musik nicht gefiel, las im Zimmer ein Buch. Als Herbert in die Musik versunken auf das weite Meer hinausblickte, musste er an die Worte des Autors Antoine de Saint-Exupery denken:

Wenn du ein Schiff bauen willst, beginne
nicht damit, Holz zusammenzusuchen,
Bretter zu schneiden und die Arbeit zu verteilen,
sondern erwecke in den Herzen der Menschen
die Sehnsucht nach dem großen und weiten Meer.

Als er über diese Worte nachdachte, verstand er, was der Autor in seinem Herzen gefühlt haben musste. Als er diesem herrlichen Gefühl nachhing, hörte Herbert ein lautes *Hallo* vom Nachbarbalkon, wo Isabel und Stefan saßen. Er erwiderte den Gruß und sprach mit ihnen über seine Gefühle. Danach war es Zeit für das Abendessen und die vier gingen in den Speisesaal, der sich in einem anderen Teil der Hotelanlage befand. Drei der Freunde bestellten sich ein Achterl Rotwein, Herbert seine obligatorische Cola Zero. Nach der Suppe wurde ein Salatteller serviert, den Herbert aber verweigerte. Fisch mit gebratenen Kartoffeln gab es als Hauptspeise und mit einer kleinen Schale Erdbeereis wurde das Essen beendet.

Der nächste Tag begann natürlich wieder mit einem umfangreichen Frühstücksbuffet. Danach brachen die Reisenden zur Stadt Gjirokastra auf, die auch die steinerne Stadt genannt wird und ebenfalls zum UNESCO-Welterbe gehört. Dies war auch der Geburtsort des kommunistischen Diktators und des albanischen Schriftstellers Ismail Kadare. Ziel der Fahrt war der Burgfelsen mit seiner Burganlage, deren Wurzeln bis in das dritte Jahrhundert v. Chr. zurückreichten. Da es bis zur Burg ein weiter Weg war, überlegten Herbert und einige weitere Reisende, ob sie diese Strapaze auf sich nehmen sollten. Da machte der Reiseleiter das Angebot, sich für die Strecke ein Taxi, das nur einen geringen Fahrpreis verrechnete, zu mieten. Als einige der Gruppe dies hörten, wählten auch sie diese Möglichkeit, um zur Burg zu gelangen. Nachdem die Tickets für den Eintritt gelöst worden waren, ging die Gruppe geschlossen in den ersten Raum. Dort waren unzählige Kanonen aus den verschiedensten geschichtlichen Epochen ausgestellt, ebenso ein Panzer aus dem Ersten Weltkrieg, mit dem sich Herbert von Christine fotografieren ließ. Danach ging es in den Innenhof der Festung, von dem man einen wunderbaren Blick auf die Altstadt hatte.

Auf dem Weg zur Kirche, die geschlossen war, begann der Reiseleiter auf Anfrage zu erzählen, wie die heutigen Menschen über den Diktator denken. Ein Teil der Bürger verdrängt gerne diese Zeit, erzählte er, so wie es die Menschen Österreichs und Deutschlands nach dem Ende der Hitlerdiktatur und seiner grausamen Verbrechen auch getan hatten. Als die Amerikaner nach dem Sieg über die Nationalsozialisten Gruppen von Menschen durch die Konzentrationslager führten, konnten oder wollten diese das schreckliche Geschehen nicht begreifen. Ein anderer Teil erkennt sehr wohl, wie schlecht diese Zeit war und wie unfrei und durch die Propaganda gegängelt die Menschen damals waren, fuhr der Reiseleiter fort. Natürlich gibt es auch immer noch einige Personen, erklärte er, die dieser Zeit und ihren Privilegien nachtrauern. So wie es in Deutschland und Österreich noch immer Ewiggestrige gibt, die die Zeit des Nationalsozialismus glorifizieren und die man laut eines Gerichtsurteils *Kellernazis* nennen darf. Ebenso wie es Menschen gibt, die der DDR nachweinen, weil dort der Staat für alle Lebensbereiche gesorgt hatte, obwohl die Menschen damals in einer Mangelwirtschaft lebten, in der sie sich für die kleinsten Dinge oft stundenlang anstellen mussten. Da hatte auch Herbert einen kleinen Beitrag einzubringen. Er erzählte aus seiner Jugend, in der im Radio einmal in der Woche ein Beitrag der albanischen kommunistischen Partei in deutscher Sprache gesendet wurde. Da war von den Sozialfaschisten in Moskau und den Revisionisten in Peking die Rede und ebenso davon, wie gut es den Menschen in Albanien ging. Jedes Mal wurde am Ende der Sendung ein *Held der Arbeit,* der unglaubliche Leistungen erbracht hatte, vorgestellt und geehrt. Herbert und seine damaligen Freunde hatten schon damals diese erbärmlichen Lügen durchschaut und sich darüber lustig gemacht. Danach war schon wieder Zeit fürs Mittagessen, das aber nur wenige Personen der Reisegruppe nutzten. Weiter ging es dann mit dem Bus zum *Blauen Auge,* einer Karstquelle, die durch Taucher erkundet worden war, die die Tiefe mit rund fünfzig Metern angegeben hatten. Hier legte die ganze Gruppe das letzte Stück des Weges mit einem Bummelzug zurück. Als sie auf den Zug warteten, rundete der Reiseleiter seine Ausführungen über Albanien mit einem Bericht über die Wirtschaft des Landes ab.

Obwohl Albanien über Bodenschätze, fruchtbare Böden und günstige klimatische Bedingungen verfügt, war das Land Ende der 1980er-Jahre wirtschaftlich auf dem Niveau eines Entwicklungslandes. Dies war natürlich dem Steinzeitkommunismus des Enver Hodscha geschuldet. Denn dieses System eines Arbeiter- und Bauernparadieses brachte es nirgendwo zu Wohlstand für die Bevölkerung, obwohl diese hart arbeitete, um zu überleben. 1997 erlitt die ökonomische Transformation durch eine Finanzkrise einen herben Rückschlag. Nach deren Überwindung erfolgten wesentliche Fortschritte in Richtung Marktwirtschaft. Mithilfe des Internationalen Währungsfonds und der Weltbank gelang es Albanien, die staatlichen Betriebe zu privatisieren und marktwirtschaftliche Strukturen aufzubauen, sodass das Land auch während der Wirtschafts- und Finanzkrise ein leichtes Wachstum verzeichnen konnte. Über Jahre hinweg gab es in Albanien eine stabile wirtschaftliche Entwicklung, bis diese 2012/13 stagnierte. Zu diesem Zeitpunkt lag die Arbeitslosigkeit bei 16 Prozent, die Jugendarbeitslosigkeit jedoch bei fast 30 Prozent. Trotz eines stabilen Wachstums in den folgenden Jahren gehört Albanien zu den ärmsten Ländern Europas. Der Hauptwirtschaftszweig liegt im Dienstleistungsbereich, aber auch das Baugewerbe und der Tourismus kurbeln die Wirtschaft an. Die wirtschaftlichen Aktivitäten des Landes konzentrieren sich vor allem auf die Küstenregion, während die Bergregionen von Landwirtschaft auf niedrigem Niveau zur Selbstversorgung geprägt sind. Ein Problem für die Entwicklung der Wirtschaft stellen weiterhin Korruption und mangelnde Rechtssicherheit dar.

Als der Bummelzug kam, um die Reisegruppe aufzunehmen, beendete der Reiseleiter seine Ausführungen. Nach einer kurzen Fahrt ging es zu Fuß über eine Brücke weiter zur Quelle. Pro Sekunde bringt dieser Brunnen sechs bis acht Kubikmeter Wasser ans Tageslicht, das teilweise nach Dubai verkauft wird. Außerdem werden mit den Wassermassen zwei Kraftwerke zur Stromerzeugung betrieben. Durch fast unberührte Natur ging es auf einem engen Pfad zu einer Eisdiele, wo ein Teil der Reisegruppe sich mit Kaffee oder anderen Getränken stärkte. Als jemand aus der Gruppe Eno fragte, ob es in Albanien viele Roma und Sinti gäbe, bejahte der Reiseleiter dies, meinte aber dazu, dass die größte Gruppe des fahrenden Volkes Wert darauf legt, als Zigeuner bezeichnet zu werden, da sie weder zur Gruppe der Roma noch zur Gruppe der Sinti gehören. Es verhält sich auch hier wie bei den Eskimos, die nicht alle zu den Inuit gehören. Was lernen wir daraus?, warf Peter ein: Nicht alle Menschen mit verwirrten Sinnen handeln im Geist der Political Correctness, aber alle, die dies tun, haben einen verwirrten Sinn. Peter wartete auf die Zustimmung der Mitreisenden, aber lediglich Stefan und Herbert lachten über diesen Spruch. Schon während der Fahrt und auch jetzt im Restaurant sprach der Busfahrer immer wieder von einer Überraschung, die auf die Reisegruppe wartete. Endlich, auf der Fahrt zum Hotel, lüftete er das Geheimnis. Der ursprüngliche Reiseplan, der eine Fahrt mit einer Fähre von Griechenland nach Venedig vorsah, von wo aus es mit dem Bus nach Hause gehen sollte, musste geändert werden, da der Eigentümer der Fähre die Reisenden nicht wie geplant in Zweier-, sondern in Viererkabinen unterbringen wollte. Obwohl sich die Reisegäste während der Fahrt nähergekommen waren, hielt der Chef des Busunternehmens dies für unerträglich. Es war ihm und dem Büro gelungen, für den übernächsten Tag einen Flug von Tirana nach Wien-Schwechat zu organisieren.

Nach einer weiteren Nacht im gleichen Hotel ging es nach dem Frühstuck zu den Ausgrabungen von Butrint. Auch diese Küstenstadt liegt im Süden Albaniens in Sichtweite der griechischen Insel Korfu. Besonders gut erhalten sind dort der Asklepios-Tempel, die Agora und das Amphitheater. Rund zwei Stunden führte der Reiseleiter die Gruppe durch das hügelige Gelände. Viele aus der Gruppe waren froh, als sie sich in einem Restaurant erholen konnten, um schließlich dort zu Mittag zu essen. Die Auswahl dort war zwar nicht groß – es gab Pizza, Risotto, Garnelen und gegrilltes Gemüse –, aber alle Gerichte schmeckten nach Aussage der Gäste vorzüglich. Danach ging es nach

Durres zum Hotel. Der nächste Vormittag war zum Baden und zum Wandern an der Küste vorgesehen, aber leider begann es wieder zu regnen. Gegen elf Uhr ging es dann Richtung Flughafen Tirana, von wo es mit eineinhalb Stunden Verspätung nach Wien Schwecht und schlussendlich nach Hause ging. Eine Reise ins Ungewisse? Teilweise schon, denn neben den wunderschönen Eindrücken, die die Landschaft Albaniens bot, erlebten die Reisenden in den Städten Verkehrschaos pur und ein Land, das einen großen wirtschaftlichen und politischen Aufholbedarf hat, um ein Mitglied der EU werden zu können.

Der letzte Vorhang

Für viele aber stellt der christliche Glaube nur ein Lippenbekenntnis inmitten einer Gesellschaft dar, die seit der Aufklärung ihr festes Fundament für Moral, Autorität und Weisheit verloren hat. Das heißt, dass bei vielen Menschen, die sich Christen nennen, keine Übereinstimmung zwischen ihrem Handeln und ihren Worten besteht, begann Stefan seinen nunmehr dritten Vortrag vor ungefähr fünfzig Menschen. Daher war es notwendig gewesen, einen Saal in einem Hotel mit ausreichend Stühlen und einigen Stehtischen zu mieten. Der Redner zeigte in seinen Ausführungen klar und deutlich, dass unsere nachchristliche Gesellschaft des einundzwanzigsten Jahrhunderts eine deutliche Übereinstimmung mit den Merkmalen zeigt, die der Apostel Paulus im ersten Jahrhundert an seinen Mitarbeiter Timotheus (2. Tim. 3:1–5) schrieb. Auch wenn der Apostel damals über die letzten Tage der Menschheit geschrieben hat, so finden wir doch viele Parallelen zu unserer heutigen Zeit: *Die Menschen werden nur sich selbst und das Geld lieben und sie werden stolz und eingebildet sein. Sie werden Gott verachten und ihren Eltern ungehorsam und undankbar sein ... Sie werden das Vergnügen mehr lieben als Gott und sie werden so tun, als ob sie fromm wären, doch die Kraft Gottes, die sie verändern könnte, werden sie ablehnen,* zitierte er das Neue Testament.

Und weil sich so verhalten, sind die Menschen unserer Tage oft frustriert, tun sich schwer, Entscheidungen zu treffen und können oftmals die Konsequenzen ihres Handelns schwer abschätzen und ertragen. Manche von ihnen sehen Arbeit als negative Freizeit an und versuchen, sich so weit wie möglich aus dem Arbeitsprozess auszuklinken. Aber nicht nur sie selbst halten sich für arm und benachteiligt, sondern auch die Gesellschaft redet ihnen das zeitweise ein. Ich denke da nur an manche Jugendliche, die oftmals so dargestellt werden, als hätten sie in der Zeit der Corona-Epidemie unheimlich viel Schweres erlitten. Aber ich habe, so führte Stefan weiter aus, mit einigen Psychologen, Lehrern und Professoren über dieses Thema gesprochen, und diese konnten mir nicht bestätigen, dass diese Erfahrungen für die meisten Jugendlichen so einschneidend und traumatisch waren, wie sie oft dargestellt werden. Mein Freund Herbert hat mir einmal erzählt, dass sein Vater im Alter von siebzehn Jahren seinen eigenen Vater im Zweiten Weltkrieg verloren hatte und danach für seine Mutter und seine vier jüngeren Geschwister sorgen musste. Dieser hatte in seiner Jugend ganz bestimmt keine Zeit für Selbstmitleid. Aber nur ein Baum, der Wind und Sturm ausgesetzt ist, entwickelt kräftige Wurzeln. Dies ist eine Wahrheit, die man aus der Botanik kennt und die man auch auf den Menschen anwenden kann. Vielleicht schafft aber solch eine Einstellung, die viele Jugendliche nach Angaben der Medien heute haben, Arbeitsplätze für Psychotherapeuten und Sozialarbeiter. Vielleicht liegt es aber auch an den ‚Kuschelgesellschaften‘, die wir unter anderem in Österreich und Deutschland eingerichtet haben.

Dieses *Vielleicht* soll aber keineswegs eine Ausrede für Wehleidigkeit oder die Unfähigkeit sein, Schwierigkeiten zu überwinden, fuhr Stefan in seinem Vortrag fort. Aber ich möchte nun zu einem anderen Thema kommen. Denn im Gegensatz dazu gibt es Menschen, denen Geld das Wichtigste im Leben zu sein scheint. Aber nicht das Geld selbst steht dabei im Mittelpunkt, sondern die vielen wunderschönen Dinge, die man davon kaufen kann. Dabei geht es manchmal gar nicht so sehr darum, vor den anderen Zeitgenossen seinen Reichtum zur Schau zu stellen, sondern öfter finden die Menschen eine Art Selbstbestätigung darin, wenn sie viel besitzen. Ich finde es immer unverständlich, dass manche Menschen sich alle paar Jahre ein neues Auto kaufen müssen und Möbel austauschen wollen, die keine zehn Jahre alt sind, meinte der Redner erklärend. Auch darüber habe ich einmal mit Herbert gesprochen und der meinte dazu, in seiner Jugendzeit hätte man ein solches Verhalten ein spießbürgerliches Leben genannt. Aber er hätte schon damals gewusst, erläuterte der Freund, dass der Sinn des Lebens nicht im Besitz liegen kann. Aber wenn Sie jetzt denken, dass mein Freund Herbert ein asketisches Leben als Einsiedler oder Mönch schätzen würde, sind Sie ganz gewaltig auf dem Holzweg. Damit beendete Stefan den ersten Teil seines Vortrages.

Für die Mittagspause hatten Bernhard, Renate und Monika Würstel mit Gebäck und Getränke vorbereitet. Der Wein war natürlich von Erwin und wurde so wie die Würstel und die alkoholfreien Getränke gegen eine Spende abgegeben. Der Erlös aus diesen Produkten wurde einer christlichen Organisation übergeben, die sich um verfolgte Christen in muslimischen und kommunistischen Ländern sorgt. Nachdem sich die Zuhörer für ihr Mittagessen angestellt hatten, gingen sie zu den vorbereiteten Stehtischen, wo bereits einige Gespräche in Gang waren. Da man bereits angekündigt hatte, dass nach dem zweiten Teil des Vortrags Zeit für Fragen sein würde, konnte auch Stefan in Ruhe sein Mittagessen genießen. Nach einer halben Stunde Essen, Trinken und Reden bat Birgit, die als Moderatorin durch den Nachmittag führte, die Zuhörer, wieder ihre Plätze einzunehmen. Nur ungern beendeten manche ihre Gespräche, da für den größeren Teil der Zuhörer viele Gedankengänge neu waren und erst im Austausch untereinander klarer wurden. Nachdem alle Platz genommen hatten, begann Stefan den zweiten Teil seiner Rede und dankte allen nochmals für ihr Kommen und ihr diszipliniertes Verhalten.

Ich kann mir vorstellen, so begann der Redner, dass die große Frage, die euch bei den Gesprächen an den Tischen beschäftigt hat, darin bestand, wie wir nun im Alltag leben sollen. Denn, dass es bei unserem Thema heute nicht nur um eine Darlegung der Fakten unserer nachchristlichen Gesellschaft und um Kritik gehen kann, ist ja allen sicherlich klar. In einem solchen Fall hätte ich eure wertvolle Zeit vergeudet. Dass es fortlaufend Veränderungen in unserer sich wandelnden Gesellschaft geben muss, leuchtet sicher auch jedem ein. Aber in diesem Zusammenhang ist es unsere Pflicht, die Formen und Ordnungen jeglicher Neuerungen zu untersuchen. Dabei besteht aber die Notwendigkeit, die Aussagen der Politik sowie unserer Werte und Gesetze im Licht von Gottes Wahrheit, die uns in der Bibel offenbart wurde, zu prüfen. Falls es dann notwendig erscheint, liegt es dann an den Christen, ethisch vertretbare Veränderungen anzudenken und zu versuchen, diese auch zu verwirklichen. Denn ein Christentum, das sich nur in ein paar frommen Handlungen und einem Lippenbekenntnis erschöpft, wird nichts ausrichten und nichts anderes sein als Salz, das seine Kraft verloren oder ein Licht, das man unter einen Kübel gestellt hat. Diese Vergleiche hat Jesus Christus selbst im Gespräch mit seinen Nachfolgern verwendet.

Denn ein bloß traditionelles Übernehmen der für unsere Gesellschaft bestimmenden Verhaltensnormen und Denkmuster, die aus einer längst ausgehöhlten christlichen Kultur Europas stammen, bedeutet die Identifikation mit toten Institutionen, die in weiterer Folge nur zur endgültigen Ablehnung des Christentums im sogenannten Westen führen kann. Denn wenn die Christenheit sich von der vollen Wahrheit des Evangeliums loslöst, sei es aus Unwissenheit, sei es, um sich dem Zeitgeist anzupassen (Liberalismus) oder nach einer Einheit (Ökumene) zu streben, die wahrlich keine von Gottes Geist gewirkte ist, dann beraubt es sich seiner moralischen Stärke und wird zu einem harmlosen Volksmärchen, das keiner mehr ernst nimmt. Aber um an eine Veränderung in der Gesellschaft denken zu können, muss sich jeder Mensch zuerst selbst verändern. Schließlich heißt es in der Heiligen Schrift (Markus 7:22): *Denn von innen, aus dem Herzen eines Menschen, kommen böse Gedanken wie Unzucht, Diebstahl, Mord, Ehebruch, Habgier, Bosheit, Verleumdung, Stolz und die Dummheit.* Und den Gedanken folgen unausweichlich Taten.

Unter uns gibt es ja einige, besser gesagt viele, die diese Änderung bereits erfahren haben. Alle die, die diese Veränderung erlebt haben, wissen, dass der Mensch aufgrund seiner gefallenen Natur Korrektur, Beistand und Hilfe und vor allem eine Änderung seines Wesens braucht. Denn die Schuld des Menschen trennt ihn von Gott, der aber auch einen Ausweg aus diesem Dilemma geschaffen hat, indem der Sohn Gottes die Welt – und das bedeutet auch jeden einzelnen Menschen – am Kreuz von Golgatha mit Gott versöhnt hat. Und so wie eine Frau das Werben eines Mannes mit einem Ja beantworten muss, wenn sie ein gemeinsames Leben mit ihm führen will, so muss auch jeder Mensch, der zu Gott kommen will, Ja zu der Erlösung in Christus sagen. Aber für einen Menschen, der dann durch Christus zu einem neuen Menschen geworden ist, ist seine Lebensreise damit nicht zu Ende, nein, in Wirklichkeit hat sie gerade erst begonnen. Denn nur im täglichen Leben kann sich der Glaube bewähren und wenn er keine Früchte trägt, dann ist solch ein Glaube tot. Diese Gemeinschaft mit Gott mag zwar im Lebensvollzug jedes Einzelnen anders aussehen, aber solch ein Glaube bewirkt unter anderem Liebe, Freude, Gerechtigkeit, Friede und Disziplin. Und von alldem braucht unsere Gesellschaft viel, viel mehr.

Frank Sinatra hat vor mehr als sechzig Jahren das Lied ‚My way‘ berühmt gemacht. In diesem heißt es frei übersetzt: *Nun ist das Ende nah und vor mir liegt der letzte Vorhang. Mein Freund, ich sage es deutlich ... ich habe das Leben auf meine Art gelebt.* Oder anders gesagt, ich habe für mich selbst entschieden, was richtig oder falsch ist, habe selbst die Ziele und den Weg dorthin bestimmt. Auch wenn ein solches Leben bis zum Ende erfolgreich sein kann, es bleibt doch die Frage, was nach diesem Leben kommt. Und es gibt nur einen Weg, der letztendlich zum Ziel führt. Jesus Christus hat selbst über sich gesagt, dass er der Weg zu Gott ist und niemand außer durch ihn zum wahren Leben findet.

Epilog

Im Übrigen lass dich warnen mein Sohn:
des vielen Bücherschreibens ist kein Ende
und das viele Studieren ermüdet den Leib.

Lasst uns das Endergebnis des Ganzen hören:
Fürchte Gott und halte seine Gebote. Denn Gott
wird in dem Gericht, das über alles Verborgene
ergeht, sein Urteil über alles Tun sprechen –
es sei gut oder böse gewesen.

(Der Prediger, AT, Kap. 12:12ff)

Nachwort

von Erwin Nemec, Mst.
und Romanfigur

Die Geschichte der Freunde in diesem und im vorherigen Buch, ihre Beziehungen zu- und ihre Gespräche untereinander sind meist erfunden, aber sie haben trotzdem alle einen wahren Kern. Die Gedanken, die darin sichtbar werden, sind ein Spiegel des Denkens des Autors aus seinem bisherigen Leben. Schon in seiner Jugend suchte dieser eine Antwort auf die großen Fragen des Lebens: Woher komme ich, wer bin ich und was hat mein Leben für einen Sinn? Daher lässt sich zusammenfassend sagen, er war schon in seinen Jugendjahren auf der Suche nach der Wahrheit. Diese führte ihn über die politische Phase, in der er sich die Gedanken der 68er-Bewegung des vorigen Jahrhunderts zu eigen machte, zu einer mehrmonatigen Reise nach Indien, wo er im Buddhismus Antworten auf seine Fragen suchte. Aber meistens kommt es anders, als man denkt.

Denn durch das Lesen des ersten Kapitels eines Johannes-evangeliums, das ihm ein älterer Einheimischer in Pakistan in englischer Sprache geschenkt hatte, wurde er in seinem Herzen angesprochen, die Wahrheit in Jesus Christus zu suchen. Denn der biblische Glaube ist kein bloßes Fürwahrhalten von theologischen Inhalten – so hilfreich diese auch sein mögen –, sondern er besteht im Vertrauen auf den auferstandenen Christus, der für ewig lebt und mit dem wir persönliche Gemeinschaft haben können. Daher ist der Autor der Meinung, dass ein bloß traditionelles Christentum, wie es in den Kirchen praktiziert wird, nur der Schatten einer echten Beziehung zu Gott ist. Deshalb betrachtet der Verfasser dieses Romans nicht nur die geschichtliche Entwicklung des Christentums in den beiden Jahrtausenden bis heute kritisch, sondern er nimmt auch die philosophischen Strömungen des Humanismus und der Aufklärung unter die Lupe.

Denn diese haben dazu geführt, dass sich der Mensch, der sich mit seiner Vernunft autonom in diesem Universum fühlt, sich als ein höher entwickeltes Tier oder als Maschine betrachtet. Und dies mit allen negativen Konsequenzen. Wobei noch hinzukommt, dass der Mensch in Europa in unserer nachchristlichen Ära meistens viel zu sehr mit seinem materiellen Besitz und seiner Stellung in der Gesellschaft beschäftigt ist und keine Sehnsucht nach Gott und der Wahrheit verspürt. Als Sahnehäubchen in seinem angefüllten Dasein betrachtet der verirrte und oft planlos lebende Zeitgenosse manchmal ein religiöses Leben, das ihm gleichzeitig Sicherheit in dieser und in der zukünftigen Welt bieten soll. Aber er beraubt sich damit einer wirklich erfüllten Lebensveränderung und eines tiefen inneren Friedens der Geborgenheit in Gott, die schon in diesem Leben beginnt. Der Autor hat dies in den letzten fünfzig Jahren erlebt und er ist sich sicher, dass noch einige Überraschungen auf ihn warten. Natürlich hat es auch in seinem Leben zeitweise schwierige Zeiten gegeben, aber er ist dabei dennoch nicht verzweifelt, sondern hat seinen Blick nach vorne gerichtet. Und er hat dabei nicht auf die Hilfe anderer Menschen verzichtet.

Denn ein bloß äußerliches Christentum, das sich in sozialen Anstrengungen oder in bloß religiösen Werken zeigt, nannte der niederländische Theologe und Philosoph ,Hans' Rookmaker *bourgeois Christianity,* ein bloß spießbürgerliches Christentum. Daher ist es dem Autor ein Anliegen, den Lesern die frohe Botschaft der Vergebung und der Gemeinschaft mit Gott näherzubringen. Dies sieht er als seinen Beitrag für die Veränderung der Herzen einzelner Menschen und als seinen bescheidenen Einfluss auf unsere soziale Gemeinschaft an. Bloß fünfzig Jahre über die Entwicklungen in der Gesellschaft und die Moral der Menschen nachzudenken und zu jammern, ist für den Autor bedeutungslos; es wäre für ihn, als sei sein Suchen und Finden fruchtlos geblieben. Durch seine Romane hofft er, das Erfahrene weitergeben und Menschen dahin führen zu können, dass sie sich die wichtigen Fragen ihrer Existenz stellen und die richtigen Antworten darauf finden.

Im Gespräch mit Menschen, die diese Wahrheit noch nicht kennen, erzählt der Autor gerne eine Geschichte, die uns ein alter, weiser Chinese, der vor Jahrhunderten im Norden Chinas gelebt hatte, überlieferte. Zu seiner Zeit lebte ein Richter, der besonders gerecht und untadelig war. Eines Tages stellte man seine Tochter vor Gericht, die bei einem wirklich schweren Diebstahl erwischt worden war. Ein solches Verbrechen wurde damals mit der Todesstrafe geahndet. Der Richter stand nun vor einem großen Dilemma. Sollte er seine überaus geliebte Tochter, die sein einziges Kind war, mit dem Tode bestrafen? Oder sollte er das Recht beugen und die Anklage vertuschen? Lange überlegte der gerechte Richter und als er keinen Ausweg mehr sah, da nahm er die Schuld seiner Tochter auf sich und opferte sich für sie. So wurde das Recht nicht gebeugt und die Tochter konnte freigesprochen werden.

Weiterhin gab der Autor noch zu bedenken, dass diese Geschichte unser Verhältnis zu Gott widerspiegelt. Alle Menschen stehen mit ihrer Schuld vor Gott, entweder, weil sie die Bibel kennen und daher wissen, was Gott von uns erwartet. Oder aber, die, die die Gebote Gottes nicht kennen, müssten an seiner Schöpfung erkennen, dass es ihn gibt und auf ihr Gewissen hören, das sie darauf hinweist, was richtig und falsch ist. Da die meisten Menschen jedoch in keine dieser beiden Kategorien fallen, stehen sie alle mit ihrer Schuld vor Gott. Und wer schuldig ist, der steht unter dem Zorn Gottes und lebt so, dass er Gott nicht gefallen kann. Aber so, wie der Richter sich selbst geopfert hatte, um das Recht nicht zu beugen und seine Tochter vor der Strafe zu bewahren, so hat Gott sich in Jesus Christus am Kreuz von Golgatha geopfert, um die Menschen aus ihrer Schuld zu erlösen, von ihren Sünden zu reinigen und sie gerecht zu sprechen, sodass die Kluft, die zwischen Gott und den Menschen besteht, überbrückt werden kann. Aber nur wer diese Wahrheit im Vertrauen auf Gottes Zusage für sich persönlich annimmt, der kann gerettet werden. Dazu passt auch einer der Lieblingsverse (Galater 2:20) meines Freundes Herbert:

Nun lebe nicht mehr ich, sondern Christus lebt in mir.
Soweit ich aber jetzt noch in dieser Welt lebe,
lebe ich im Glauben an den Sohn Gottes,
der mich geliebt und sich für mich hingegeben hat.

Der Autor

Erich Skopek, 1954 in St. Pölten,
Österreich, geboren, besuchte nach
dem Abitur im humanistischen Gym-
nasium die Gartenbaufachschule und
schloss diese mit der Prüfung zum
Gärtnermeister ab. 1987 sattelte er
um und bearbeitete Insolvenzen und
Rechtsangelegenheiten bei einer Ver-
sicherung. Schon als junger Mensch
schrieb er Gedichte und produzierte Sendungen
für den Evangeliumsrundfunk. Neben Lesen und
Malen gehört auch das Reisen zu seinen Leiden-
schaften, zum Beispiel für acht Monate nach Indien, wohin er sich nach seiner Matura aufmachte.
Inzwischen im Ruhestand, ist er ein Suchender geblieben, der sich mit drängenden lebensweltlichen
und sozialpolitischen Fragen auseinandersetzt.
Nach „Fünf Minuten nach zwölf", „Mitternacht
der Welt", „Fortsetzung folgt – nicht" und „Fünf
Freunde bleiben im Gespräch" erscheint nunmehr
sein fünftes Buch im novum Verlag.

Der Verlag

Wer aufhört besser zu werden, hat aufgehört gut zu sein!

Basierend auf diesem Motto ist es dem novum Verlag ein Anliegen, neue Manuskripte aufzuspüren, zu veröffentlichen und deren Autoren langfristig zu fördern. Mittlerweile gilt der 1997 gegründete und mehrfach prämierte Verlag als Spezialist für Neuautoren in Deutschland, Österreich und der Schweiz.

Für jedes neue Manuskript wird innerhalb weniger Wochen eine kostenfreie, unverbindliche Lektorats-Prüfung erstellt.

Weitere Informationen zum Verlag und seinen Büchern finden Sie im Internet unter:

www.novumverlag.com

Erich Skopek

Fünf Minuten nach zwölf

ISBN 978-3-99131-352-6
62 Seiten

Ohne Scheuklappen übt der Autor Kritik an den derzeitigen
Strömungen in Gesellschaft und Kirche. Entwickeln sich diese
wie bisher, werden die Folgen schwerwiegend sein. Dieses
Buch soll davor warnen.

Erich Skopek

Mitternacht der Welt

ISBN 978-3-99131-956-6
98 Seiten

Es ist das Jahr 2098. Eine Zeit des Umbruchs und Wiederaufbaus beginnt. Inmitten des Chaos eines gestürzten Systems will Felix Novak Ordnung schaffen: Ordnung in der Gesellschaft, aber auch im eigenen Leben, der Liebe und vor allem in seinem Glauben.

Erich Skopek

Fortsetzung folgt – nicht

ISBN 978-3-99146-205-7
106 Seiten

Als Friedrich Baumgartner unerwartet stirbt, übernimmt der Sohn die Firma. Seine Schwester hingegen verprasst ihr Erbe. Mittellos kehrt sie heim und wird mit offenen Armen empfangen. Friedrich ist wütend, sucht Trost in der Bibel und findet seinen Weg zu Gott.

Erich Skopek

Fünf Freunde bleiben im Gespräch

ISBN 978-3-99146-685-7
128 Seiten

Inspiriert von einem seiner ersten Leseerlebnisse, „Die fünf Freunde" von Enid Blyton, greift Erich Skopek in „Fünf Freunde bleiben im Gespräch" das Thema von der hohen Kunst des Miteinanders auf, das ihm in unserer Zeit verloren gegangen zu sein scheint.